SOUVENIRS
DU PENSIONNAT

DRAMES ET MYSTÈRES

DÉDIÉS

AUX ÉLÈVES DES MAISONS DU SACRÉ-CŒUR,

avec l'autorisation

DE MADAME BARAT, SUPÉRIEURE-GÉNÉRALE,

Par MARIE DAVID.

PARIS

CHARLES DOUNIOL, LIBRAIRE-ÉDITEUR,

Rue de Tournon, 29.

1857.

SOUVENIRS

DU PENSIONNAT.

OUVRAGES DU MÊME AUTEUR :

&

LA CRÈCHE ET LA CROIX. Poésies.
1 vol. in-12.

Pour paraître prochainement :

VIATRICE.

L'ABBÉ MARCEL.

IMPRIMERIE DE W. REMQUET ET Cie,
rue Garancière, 5.

SOUVENIRS
DU PENSIONNAT

———◇◇◇———

DRAMES ET MYSTĒRES

DÉDIÉS

AUX ÉLÈVES DES MAISONS DU SACRÉ-CŒUR,

avec l'autorisation

DE MADAME BARAT, SUPÉRIEURE-GÉNÉRALE,

Par MARIE DAVID.

PARIS

CHARLES DOUNIOL, LIBRAIRE-ÉDITEUR,
Rue de Tournon, 29.

LYON,

GIRARD ET JOSSERAND, LIBRAIRES,
4, place Bellecour.

1857.

Pour un ouvrage d'aussi peu d'importance une Préface n'est pas nécessaire. Mais l'auteur, qui doit au public de la reconnaissance et du respect, ne peut point jeter un livre au hasard sans se préoccuper de l'opinion de la critique. Elle s'est montrée pour moi trop bienveillante et trop courtoise pour que je me refuse le plaisir de la remercier. Je ne m'abuse pas sur la valeur de ce volume, j'en ai fait un modeste souvenir envoyé à de chères affections.

Mais le cadre que j'ai choisi ne saurait être rempli aisément, la critique la plus sévère en conviendra : écrire pour les jeunes filles est une tâche

à la fois charmante et difficile. Les moyens de déve-
loppement et les effets dramatiques manquent presque toujours, quand on ne peut mêler les personnages, et leur faire parler le langage des passions
et des grands intérêts qui occupent les plus belles
scènes des œuvres que l'on représente sur nos grands
théâtres. Les jeunes filles qui me jugeront avec leur
cœur seront indulgentes ; la critique, je l'espère, me
tiendra compte des impossibilités qui m'ont souvent
arrêtée dans la conception d'un plan et le ton d'un
dialogue. Moins ce livre a de valeur, plus je serai
reconnaissante des encouragements qui me seront
donnés.

Marie DAVID.

AUX JEUNES FILLES.

---⋈---

I.

L'histoire persane raconte qu'un berger nommé Alibée, ayant un jour, par la sagesse de ses réponses, enchanté le monarque qui le rencontra dans les campagnes où il gardait les troupeaux, fut élevé à la dignité de premier ministre.

Cette faveur lui suscita des envieux. Des insinuations mal veillantes sans inquiéter le souverain, le contristèrent et refroidirent son amitié pour le favori. Enfin, soit qu'il crût à la calomnie, soit qu'il eût à cœur de prouver à tous l'innocence d'Alibée, accusé de déprédations et de dilapidation dans les finances, il le somma de lui remettre les clefs de son palais qui renfermait, disait-on, des richesses fabuleuses ! — Alibée ne parut ni surpris ni peiné du changement du roi. Il le conduisit ainsi que les grands officiers dans la splendide habitation qu'il devait à la munificence du monarque, et lui faisant parcourir, l'une après l'autre, les salles remplies des présents royaux et des témoignages de la gratitude du peuple, il le supplia de reprendre ces dons acceptés jadis avec la joie de la reconnaissance. Le roi profondément touché se tourna vers les courtisans d'un air de reproche ; — ceux-ci sourirent avec incrédulité, et l'on entra dans la chambre d'Alibée.

— Remettez-moi la clef de ce coffre, dit le souverain en désignant une riche cassette.

— Soyez obéi, sire !

Le ministre pousse un ressort et l'on aperçoit un habit de laine grossier, une houlette, une flûte, enfin le costume porté par Alibée durant sa jeunesse, et qu'il avait quitté pour de splendides ornements.

— O mon roi ! s'écria-t-il, en tombant à genoux, voici mes

seules richesses ! je les gardais près de moi, afin que le souvenir de mes anciennes fatigues et de ma pauvreté me rendît
juste et compatissant dans l'exercice de la puissance. Reprenez
les trésors dont j'ai usé pour le bien de tous, rendez-moi seulement cet habit modeste et mon humble vie de pasteur.
Puissé-je oublier que j'ai vécu à la cour et retrouver sous le
chaume le calme que je goûtais, quand vous m'en avez
arraché !

— Alibée, répondit le roi en le serrant dans ses bras, mon
seul soutien ! reste auprès d'un ami qui ne se pardonnera
jamais de t'avoir méconnu.

Alibée céda à l'affecteux désir du monarque : le soir de ce
même jour, il n'avait plus d'ennemis.

II.

Je me suis souvenue de l'histoire d'Alibée, en ouvrant
après de longues années une cassette en bois de rose qui
contenait toutes les richesses de mon cœur.

Aussi modestes, mais plus saintes que celles du berger per-
san, elles résumaient la moitié la plus chère de ma vie ; —
des cahiers d'histoire et de littérature, des cartes d'étude et

de sagesse, portant pour emblèmes des sphères et des palettes surmontées du chiffre de Marie ; un ruban de moire violette, un scapulaire de satin brodé d'argent, quelques lettres, des tapisseries inachevées, des volumes et les programmes de plusieurs distributions de prix, où mon nom revenait avec mes titres aux plus belles couronnes !

C'était toute ma vie d'enfant, de pensionnaire et de jeune fille.

Ce qui me remplit le cœur en face de ces trésors pieux, les larmes versées, les noms redits, les images évoquées, la fantasmagorie de plusieurs années passant rapide et distincte devant le miroir de mes souvenirs, tout cela je voudrais vous le raconter ! Plus tard vous le sentirez comme moi... Oh ! gardez les emblèmes du travail, de la piété, de la joie innocente, car ils sont le charme du passé et la garantie de l'avenir !

III.

Pour vous laisser à vous aussi quelques souvenirs de ces heures qui nous deviennent plus chères à mesure que le temps les éloigne de nous, j'ai réuni plusieurs des pièces où tour à tour graves et rieuses, vous avez représenté la fille de

Jaïre, Ruth, Marthe ou la princesse Myosotis. En écrivant pour vous ces *Mystères* qui me reportaient au xvᵉ siècle, en les composant dans cette vieille ville de Metz, dont les habitants et les clercs applaudirent les premiers l'œuvre du savant Michel, l'Évêque poëte qui composa le mystère sur la *Passion de Notre-Seigneur*, et la *Vengeance de Notre-Seigneur*, j'ai éprouvé une consolation réelle. Ces poëmes dramatisés me remettaient en mémoire les belles tapisseries de Rheims, devant lesquelles j'avais étudié les scènes diverses de nos essais sur l'art théâtral. Je n'avais qu'à feuilleter la Bible et l'Évangile, pour trouver le sujet des compositions que vous jouiez avec une naïve candeur.

La tâche que j'ai commencée, je l'achèverai. Je vous confie ce premier volume : tous les ans un nouveau livre vous portera mon nom et mon souvenir; — accueillez-le comme un ami. Envoyez près de moi vos Anges gardiens aux blanches ailes, ils me demanderont ce que vous souhaiterez, ils m'apporteront l'inspiration jeune, fraîche et pure dont mes livres ont besoin pour passer dans vos mains. — Plume et cœur, jeunes filles, tout n'est-il pas à vous ?

A vous qui avez l'innocence, la grâce, la bonté! à vous qui ne pleurez que sur les douleurs d'autrui, ignorantes que vous êtes des peines dont est semée la vie.

Prenez donc ce livre et lisez.

Lisez et aimez de loin l'auteur qui vous aime ; qui, jeune fille, trouva elle aussi son bonheur à représenter les traits les plus frappants de l'histoire sacrée ; — jeune femme, se recueillit dans ces douces souvenances du passé ; — poëte, voulut vous réserver le plaisir qu'elle avait goûté dans ses plus heureuses années.

MARTHE ET MARIE.

MYSTÈRE EN UN ACTE ET EN VERS.

Représenté pour la première fois au Sacré-Cœur de Metz, le 15 août 1856, en présence de Sa Grandeur Monseigneur DUPONT DES LOGES.

PERSONNAGES.

MADELEINE.

MARTHE, sa sœur.

LAODICE, nourrice de Madeleine.

DAÏD, orpheline adoptée par Madeleine.

NOÉMÉ.

SELMA.

JUDITH.

LÉONTIA.

MICHOL.

SALOMÉ.

} Convives de Madeleine.

NORFA, improvisatrice.

LIA, suivante de Madeleine.

Esclaves, jeunes juives de la suite de Madeleine.

Une affranchie.

MARTHE ET MARIE.

—◇◇◇—

La scène se passe dans une des salles du palais de *Magdalena*. Au lever du rideau, Madeleine est assise ; une esclave à genoux lui présente un miroir d'acier poli ; une autre attache ses sandales ; Lia place des perles dans ses cheveux. Des lits sont rangés autour d'une table où tout est préparé pour un festin.—Dans les angles de la salle, sont placés des flambeaux allumés, des vases de fleurs et des trépieds sur lesquels on jette de l'encens et des herbes aromatiques.

SCÈNE Ire.

MADELEINE, LIA, deux esclaves.

LIA.

Voici de votre écrin les perles les plus belles.

MADELEINE.

Oui, mais on les connaît ; donnez-m'en de nouvelles.

LIA.

De ce Nard de Palmyre au parfum précieux,
Nous allons ce matin embaumer vos cheveux.
Ce voile siérait bien sur le front d'une reine.

MADELEINE , souriant.

Il orne mieux encor celui de Madeleine?

       (Aux esclaves qui ont achevé d'attacher ses sandales.)

Les parvis sont poncés ? — les vasques pleines d'eau?
Donnez-moi ce miroir.

(A Lia.)

                Relève ce bandeau.

(Aux esclaves.)

Esclaves, vous ferez pleuvoir de fraîches roses
A l'heure du repas.

(A Lia.)

              Il faut que tu disposes
Les candélabres d'or sur les gradins couverts
De tapis d'Orient ; — on mettra dix couverts.

                  (Les esclaves sortent.)

SCÈNE II.

LIA, MADELEINE.

LIA.

Entendre est obéir.

MADELEINE.

           O mon Dieu ! quelle vie !
Et l'on me croit heureuse ! et l'on me porte envie !
Lorsqu'à Magdalena mes convives viendront
Sauront-ils quels ennuis se cachent sous mon front ?

Je voudrais voir déjà la fête terminée.
Ce jour va me sembler aussi long qu'une année.

LIA.

Qui plus que vous, pourtant, doit bénir le destin?

MADELEINE.

Je ne sais quel penser m'oppresse ce matin...

LIA.

Tout prévient vos souhaits ; et vous seriez ingrate
De n'être pas heureuse, alors que tout vous flatte,
Et vit pour vous aimer...

MADELEINE.

Qu'importe? le dégoût
Sans cesse à mes côtés, Lia, se tient debout.

SCÈNE III.

MADELEINE, LIA, DAÏD.

DAÏD, s'avançant doucement.

Puis-je entrer, Madeleine?

MADELEINE, haut.

Oh! oui, viens à toute heure.
(à part.)
Je crois que les enfants rendent l'âme meilleure.
(Elle fait un signe à Lia qui sort.)

MADELEINE, DAÏD.

MADELEINE.

Je lis bien du bonheur dans tes regards, pourquoi ?

DAÏD.

Votre amour maternel est si tendre pour moi ! .
J'étais seule en ce monde, à l'heure où, pauvre fille,
Vous m'avez dit : « Daïd, tiens-moi lieu de famille..»
Oui, je suis votre enfant ! l'enfant de la pitié,
Que les autres foulaient et repoussaient du pié ;
Et qui, laissée un jour contre une froide pierre,
Mourait comme un oiseau tombé du nid à terre.
Que vous m'avez aimée.....

MADELEINE.

　　　　　　Et depuis ce moment
J'ai connu l'amitié, l'amour, le dévouement.
Daïd, souhaites-tu quelque chose en ce monde ?

DAÏD.

Je l'avouerai, souvent votre angoisse profonde
Vient oppresser mon cœur : et je voudrais vous voir,
Joyeuse comme moi, du matin jusqu'au soir.

MADELEINE.

Garde longtemps, Daïd, ton innocente joie...
Cette fleur ne croît point, ma fille, sur ma voie.

DAÏD , regardant la robe de Madeleine.

Pourquoi cette parure ? avez-vous un festin ?

MADELEINE , embarrassée.

Quelques amis viendront.

DAÏD, avec prière.

Gardez-moi ce matin ,
Vous m'éloignez toujours...

MADELEINE.

Auprès de Laodice
Ta fidèle suivante et ma vieille nourrice,
Tu resteras, ma fille ; ou plutôt, dans les bois,
Va moissonner les fleurs que donnent les beaux mois.

DAÏD , mystérieusement.

Laodice (écoutez bien cette confidence)
A pleuré très-longtemps ; hier en votre absence,
Je l'entendais gémir et répéter tout bas :
Lazare ! Marthe ! Alors l'entourant de mes bras,

Je lui dis : T'ai-je fait, nourrice, quelque peine ?

Si tu souffres, il faut le dire à Madeleine.

Ce n'est pas elle, au moins, qui cause tes douleurs ?

Mais sans me confier le sujet de ses pleurs,

Loin d'elle Laodice en larmes m'a bannie,

En répétant toujours : O Marthe ! ô Béthanie !

Connaissez-vous ces noms, cette femme, ce lieu ?

MADELEINE, émue.

Daïd, je me sens lasse.... à ce soir,

DAÏD, l'embrassant.

Mère, adieu !

Je vais aller jouer sous les grands térébinthes.

Revenant.

J'ai prié ce matin ; j'ai lu les hymnes saintes ;

Norfa, s'accompagnant sur la harpe, a chanté

Un psaume de David, et j'ai bien écouté.

MADELEINE.

C'est bien, Daïd, il faut ouvrir un cœur docile

A la voix qui l'instruit ; la vie est difficile !

C'est une longue lutte où le cœur peut errer ;

Rends le tien assez fort pour ne point s'égarer.

(Daïd sort.)

SCÈNE V.

MADELEINE.

Heureuse enfant ! tandis qu'au sein de ma demeure
Dans le silence, loin de tous, souvent je pleure...
Sais-je ce qu'il me faut, sais-je ce que je veux ?
Non ! — J'ignore l'objet et le but de mes vœux,
Mais je voudrais parfois, dans ma veille inquiète,
Comme Marthe, n'avoir rien qu'une humble retraite :
Y vivre sans plaisirs, mais aussi sans remords.

SCÈNE VI.

MADELEINE, LIA.

(Prélude de musique.)

LIA.

Madame, l'on entend les voix et les accords
De ceux que vous avez mandés pour votre fête.

MADELEINE, avec ennui.

Oui, c'est vrai ; hâte-toi. Suis-je bien ? Suis-je prête ?
Et mon front cache-t-il sous ce cercle étoilé
Le chagrin dont mon cœur en secret est troublé ?

1.

SCÈNE VII.

MADELEINE, LÉONTIA, NOÉME, MICHOL, SELMA,
JUDITH, SALOMÉ.

Les jeunes convives entrent en chantant :

Malgré la sagesse ennemie,

Rions !

Et sur le fleuve de la vie,

Passons !

Les ris et les jeux sans trêve

Réalisent notre rêve !

Rions !

Chantons !

Charmons les fugitives heures,

Rêvons !

Si la mort frappe à nos demeures,

Ouvrons !

Les dieux parmi les plus belles

Choisiront les immortelles,

Rions !

Chantons !

Pendant ce chœur les jeunes femmes ont placé sur leurs têtes des couronnes de roses présentées par les esclaves ; elles se sont assises sur les lits rangés autour de la table, et le festin a commencé.

MADELEINE.

J'aime entendre les chants joyeux de l'Italie !

Nous avons dans nos mœurs plus de mélancolie,

Nos poëtes anciens, inspirés par le Ciel,
Ont écrit tour à tour pour le peuple et l'autel :
Et la création, nos lois et notre histoire
Remplissent tous leurs chants comme notre mémoire,
Nous aimons Jérémie aux sublimes douleurs...

LÉONTIA.

Je préfère Virgile aux riantes couleurs !
Déjà votre patrie est notre tributaire,
Et vous perdrez bientôt jusqu'à ce culte austère
Qui rétrécit pour vous l'immensité des cieux,
Qu'Hésiode peupla de héros et de ¡dieux :
C'est la blonde Vénus, Diane chasseresse,
Mars, Hercule, Pluton à l'arme vengeresse ;
Et les divinités de nos âges : — Pallas
Présidant aux travaux des femmes, aux combats ;
Hébé toujours joyeuse, Iris la messagère,
De l'arc aux sept couleurs environnant la terre.
Rome, qui par César commande à l'univers,
Aime à vous protéger sans vous donner des fers,
Vous en adopterez les lois et les usages.
Nous que réunissaient nos jeux, nos goûts volages,
Nous avons commencé la grande fusion
Qui doit mêler les Juifs à notre nation.
Qu'en pense Salomé ?

SALOMÉ.

Jamais, si j'étais libre,
Le Jourdain ne serait tributaire du Tibre,
De nos grands souvenirs mon cœur est trop rempli.

LÉONTIA.

Ce que vous redoutez est un fait accompli,
Et le temple fameux rebâti par vos pères
Sera le Panthéon de nos dieux moins sévères.
Pourquoi le craindre ? Ici nous remplissons nos jours
De festins, de chansons, de frivoles discours.
Tant qu'on ne mettra point d'impôts sur les parures,
Qu'importent les autels, les rois et les augures !
De vos scribes savants, les flamines jaloux,
Pour discuter viendront de Rome jusqu'à vous.
Jérusalem aura son vaste amphithéâtre,
Ses mimes, ses bouffons, ses bains et son théâtre.

MADELEINE.

Vous décidez fort bien les affaires d'État.

LÉONTIA.

Pour les femmes je vais établir un sénat
Où nous discuterons des choses importantes :
Comment on doit porter les tuniques flottantes,

Et si, dans les cheveux nous devons mettre encor
Des ornements formés de larges pièces d'or.

MICHOL.

J'approuve ce projet, dont le plus grand mérite
Est d'être fort ancien.

Avec malice.

On prévient, quand on cite.

JUDITH.

Selma, connaissez-vous ce qu'on fait à la cour
Où vous pouvez entrer à toute heure du jour ?

SELMA.

On dit qu'Hérodiade a le sort de Marianne....

MADELEINE.

A périr par le glaive Hérode la condamne ?

SELMA.

Non ; le roi que poursuit un fantôme sanglant
L'exile pour toujours...

MICHOL.

Le supplice est plus lent.

JUDITH.

La jeune Hérodias n'a pu sauver sa mère

Elle n'a pas tenté de fléchir la colère
D'un monarque orgueilleux, sanguinaire et brutal?

SELMA.

On roule vite au fond de l'abîme du mal....
Vous souvient-il encor de cette horrible fête
Où cette enfant lui dit: « Il me faut une tête ! »
Et la tête de Jean tomba sous le couteau...
Hérodiade était la hache et le bourreau...
Mais son trône vacant, de nombreuses rivales
Vont se presser autour des demeures royales.
Hérode esprit léger, cœur bas et corrompu
Que séduira le vice, et qui craint la vertu,
Hérode, est près d'offrir, dit-on, à la plus belle
Un sceptre dont souvent la puissance est mortelle.
Qui règnera, parmi les célèbres beautés
Dont les noms sont connus de poëtes vantés?

LÉONTIA.

Moi je refuserais.

MICHOL.

Et ce serait plus sage.

JUDITH.

Il restera du sang sur un tel héritage...

MADELEINE, à part.

Et moi, je règnerais ! et moi sans reculer,
J'accepterais la main qui les ferait trembler !

LÉONTIA.

Vous rêvez, Salomé...

SALOMÉ.

                    Je songeais au prophète
Qui parmi les gentils a fait mainte conquête.

LÉONTIA, vivement.

C'est un vil imposteur !

SALOMÉ

                    Et cependant, voilà
Ce que l'on racontait hier chez Dalila :
Jésus de Nazareth s'était laissé conduire
Près du funèbre lit où sanglotait Jaïre.
Sa fille, vous savez, vierge au front de douze ans,
Dont le trépas venait d'effeuiller les printemps,
Dans les voiles de lin et les fleurs funéraires
Reposait : autour d'elle on chantait des prières.
« Jeune fille, dit-il, vous dormez, levez-vous ! »
Elle entr'ouvre les yeux, écarte le suaire,

Se jette avec un cri sur le sein de son père,
Et tous deux à genoux tombent pleins de ferveur,
En appelant Jésus leur maître et leur sauveur !

LÉONTIA, à Madeleine.

Fais venir parmi nous ton improvisatrice,
Salomé parle ici comme une pythonisse !   •
Des roses, des parfums, des coupes, des chansons !
Que les jeux et les ris soient nos seuls échansons !

MADELEINE, à une esclave.

Qu'on appelle Norfa.

SCÈNE VIII.

LES MÊMES, PLUS NORFA.

NORFA.

Qu'ordonnez-vous, madame ?

MADELEINE.

Improvisez des vers pour cette jeune femme

Norfa jette un regard autour d'elle, se recueille, tire quelques accords
lents et lugubres de sa harpe, et chante.

I.

J'entends les sons de la lyre,
Dit le Seigneur irrité ;

Votre coupable délire
Insulte ma majesté !
Ma flèche vole et retombe
Aux deux bouts de l'univers,
Le méchant pâlit et tombe....
Et j'élargis une tombe
Où lancés comme la trombe
S'engloutissent les pervers !

Les convives se regardent étonnés, et se parlent pendant le prélude du second couplet, que Norfa accentue davantage.

II.

Balthasar a voulu boire
Dans les vases du Seigneur,
Mais Dieu qui défend sa gloire
A levé son bras vengeur.
Soudain la main enflammée
Grave au fronton du palais :
Ta grandeur, ta renommée,
Tes trésors et ton armée,
Disparaissent en fumée,
Et les châtiments sont prêts !

LÉONTIA.

Silence, jeune fille ! est-ce ainsi que l'on chante

Quand on a comme vous la voix douce et touchante ?
Il est des airs légers propices au festin.

NORFA.

J'ai dit ce que mon Dieu m'inspire ce matin.
Voulez-vous les regrets des tribus enchaînées,
Loin des bords fortunés où nos mères sont nées ?

NOÉMÉ.

De la captivité les jours sont révolus,
Le temple est rebâti.

MADELEINE.

Norfa ne chantez plus.

Norfa s'incline et se place dans un angle de la salle en s'appuyant sur sa harpe. Elle reste absorbée dans une profonde rêverie.

MADELEINE, à Léontia.

A vous !

LÉONTIA.

A Parthénope, en son riant asile,
Voici les derniers vers composés par Virgile :

Le printemps ramène
Le tiède zéphir ;

Déjà dans la plaine
Tout va refleurir :
Les roses nouvelles,
Les iris d'azur ;
— Et les cascatelles
Chantent à Tibur !

Les épis jaunissent
Au sein du vallon ;
Les fléaux s'unissent
Pendant la moisson ;
Coupez les javelles ;
Battez d'un bras sûr.
— Et les cascatelles
Chantent à Tibur !

Les rois de la terre
Sous leurs étendards,
Se livrent la guerre
A grands bruits de chars !
Malgré leurs querelles,
Mon sommeil est pur....
— Et les cascatelles
Chantent à Tibur !

Mélibée entonne
Ses chants les plus doux ;

Les fruits de l'automne
Se dorent pour nous ;
Les grappes sont belles ,
Le raisin est mûr.
— Et les cascatelles
Chantent à Tibur !

SCÈNE IX.

LES MÊMES, PLUS MARTHE.

A la fin du dernier couplet, Marthe, grave et vêtue de noir, entre dans la salle ; elle s'arrête un instant, indignée du spectacle qu'elle a sous les yeux.

SELMA.

Une étrangère !

MADELEINE , avec terreur, à part.

Marthe !

MARTHE.

On ne m'avait pas dit
Que durait jusqu'au jour le festin de la nuit.
Et que des Balthasars et des Sardanapales
Je trouverais ici les traces dans ces salles ?

LÉONTIA.

Inconnue, en ces lieux, de quel droit parles-tu ?

MARTHE.

Du droit que sur le vice a toujours la vertu !

MADELEINE, voulant l'apaiser.

Marthe !

MARTHE.

Vous m'entendez, femmes, dont la conduite
Traîne partout l'intrigue et la honte à sa suite ;
Vous qui, bravant nos lois, déshonorant nos mœurs,
Aux impurs dieux de Rome allez vendre vos cœurs.
Que faites-vous ici ? Ces coupes, ces couronnes,
Ces lits drapés de pourpre et plus beaux que des trônes,
Ces fronts parés de fleurs, ces amphores, enfin
Vos yeux brillants encor des plaisirs du festin ;
Tout à mes yeux accuse une folle impudence
Envers le Dieu des Juifs, impardonnable offense !
Sont-ce là les devoirs des filles de Juda ?
Est-ce ainsi qu'agissaient Rachel et Rébecca,
Ces modèles donnés aux femmes d'une race
Que Dieu s'était choisie, et comblait de sa grâce ?
Voulez-vous imiter dans leurs débordements
Tir et Sidon, dont Dieu brisa les fondements ?
Et dans Jérusalem rétablir Babylone ?
Partez ! quittez ce lieu, c'est moi qui vous l'ordonne;

Moi qui crois au Seigneur, et dès mes jeunes ans,
Ai suivi sa loi sainte et haï les méchants.

JUDITH.

Peut-être elle se croit Anne la prophétesse.

SELMA.

D'imiter Miriam elle aurait la hardiesse;
Mais pour prophétiser contre nous en ce jour,
Il lui manque, je crois, l'historique tambour.

LÉONTIA, à Madeleine en se levant.

Adieu, nous te laissons, les flambeaux étincellent,
A la fête du soir d'autres jeux nous appellent.

(Marthe fait un pas pour empêcher les convives de sortir ; elles restent, subjuguées par son geste impérieux.)

MARTHE continue d'une voix énergique et inspirée.

Pour juger vos forfaits le Seigneur est debout:
Où fuir? Où vous cacher? Le Seigneur est partout!
Il sondera vos cœurs, vos reins et vos pensées,
Il ressuscitera vos offenses passées !
Il a dit : « Que l'on ôte aux filles de Sion
« Les cheveux parfumés qui couronnent leur front;
« Détachez de leurs pieds ces superbes chaussures;
« Qu'on enlève le fard de leurs lèvres impures;

« Arrachez ces bijoux, ces colliers de saphir,
« Ces bracelets tirés des richesses d'Orphir ;
« Leurs habits variés et leurs robes traînantes,
« Leurs manteaux, leurs miroirs, leurs ceintures flottantes.
« Au lieu de ces parfums qu'une fétide odeur
« S'exhale du poison renfermé dans leur cœur ;
« Couvrez-les de lambeaux, de cendre, d'un cilice,
« Et gravez sur leur front leur honte et leur malice.
« Leur visage livide inspirera l'effroi !
« Elles sauront alors que leur maître c'est moi ! »

SALOMÉ, à part.

Ces reproches sont vrais, mon âme en est troublée...

NOÉMÉ.

Pour quelques vains propos la joie est envolée,
Tes dieux, Léontia, sont cléments et plus doux.

MARTHE, avec plus de véhémence.

Tremblez que du Seigneur ne tombe le courroux !
Tremblez, j'entends sa voix qui s'éveille et qui gronde ;
Jusqu'en ses fondements elle ébranle le monde.
Tremblez ! dis-je, par moi Dieu se fait écouter ;
Sa colère sur vous est prête d'éclater :
Voici le dernier jour que sa clémence accorde

Pour recourir encore à la miséricorde ;
Vous n'aurez pas peut-être une heure, un lendemain,
Vous vous réveillerez sous le poids de sa main !
Et je vous le déclare, avant cette journée,
Chacune dans son cœur se verra condamnée...
Voici ce que Dieu dit : « Je ne suis plus jaloux
« De Sion dont je fus et le père et l'époux.
« Je vois son crime écrit sur son pâle visage ;
« Jusque dans le lieu saint l'infidèle m'outrage...
« Élevez-vous contre elle : il faut venger mon nom
« De l'oubli qu'en ont fait les filles de Sion.
« Que devant les parvis le peuple s'agenouille !
« De peur qu'en ma fureur ma main ne le dépouille
« Et révèle sa honte aux yeux de l'univers.
« Je l'abandonnerai dans d'arides déserts
« Où la soif et la faim consumeront sa vie ;
« Je serai sans pitié pour l'enfant qui me prie :
« Je le repousserai lui disant : Tends la main
« A ceux qui t'ont perdu dans ce fangeux chemin.
« Je fermerai ton champ avec de fortes haies ;
« Je ne guérirai plus la lèpre de tes plaies.
« Tu chercheras en vain ceux que ton cœur aimait,
« Ils te fuiront ; et moi que ta voix blasphémait,
« Arrachant tes figuiers et désolant ta vigne,
« Ma malédiction pèsera comme un signe

« Sur ton front plus marqué que celui de Caïn ;

« La terre pleurera ! Tu gémiras en vain !

« Tes fêtes, tes sabbats et tes néoménies

« A jamais en ces lieux pour toi seront finies

« Parce que te livrant devant mes yeux au mal,

« Tu portas de l'encens aux autels de Baal ! »

SALOMÉ

et les autres esclaves effrayées chantent en chœur.

O menace ! ô terreur, effroyable vengeance !

Seigneur, Dieu de Jacob, écoutez nos sanglots ;

Consultez votre cœur, suivez votre clémence,

Israël se repent, il fera pénitence...

Ne faites pas pleuvoir ce déluge de maux !

Israël se repent, il fera pénitence.

NORFA

sans chanter, mais s'accompagnant sur sa harpe avec de longs arpéges, comme une basse de larmes et de soupirs.

Je laverai de sang l'autel impur !

Et les peuples en vain crieront miséricorde,

En vain à leur secours ils appellent Assur !

De mon courroux tardif le vase plein déborde...

J'irai, je saisirai, j'arracherai demain

Israël du milieu des nations du monde !

2

Et qui pourrait ouvrir ma redoutable main ?
Ce ne sont pas les dieux en qui Judas se fonde...
Alors je rentrerai dans l'éternel repos !

LE CHOEUR

sous l'impression d'une terreur croissante chante en s'agenouillant.

O menace ! ô terreur ! effroyable vengeance , etc.

(Pendant le chœur les convives quittent la table et se dirigent vers la porte de gauche.)

LÉONTIA.

Qu'attendez-vous ? Partons !

NOÉMÉ.

Quittons ces lieux ensemble.

SALOMÉ.

Malgré moi je pâlis, devant elle je tremble ;

A part.

Quel ascendant secret exerce la vertu !

LÉONTIA.

Madeleine se tait, son cœur est abattu...
Nous avons dévoré des mots pleins d'amertume,
Mais des flots de la mer le vent chasse l'écume,
Nous saurons nous venger !

MARTHE

(à Madeleine au moment où Léontia disparaît.)

On menace ta sœur.

MADELEINE.

Tu pouvais leur parler avec plus de douceur.

SCÈNE X.

MARTHE, MADELEINE.

MARTHE.

Épargner le coupable à mes yeux est un crime,
J'ai dit la vérité que Dieu lui-même exprime,
Osée ainsi dépeint le courroux du Seigneur.
Mais les mots de pardon seront pour toi, ma sœur...
Non, je n'ai pas fini : celle qui t'a perdue
Devait aux yeux de tous demeurer confondue !
Pauvre enfant, tu glissas sur la pente du mal ;
Tu cédais chaque jour à quelqu'attrait fatal...
Loin de chercher l'appui de cette sœur qui t'aime,
Tu la fuyais.

MADELEINE.

Hélas ! je me fuyais moi-même !

Dans l'étourdissement j'ai cherché le bonheur ;
Mais les fruits du péché sont d'amère saveur !
J'ai cru longtemps trouver dans le bruit de la joie
Ce que m'avaient promis ceux dont je suis la proie ;
Rien ! et je demandais à des plaisirs nouveaux
Ce qu'ils pouvaient m'offrir.

MARTHE.

                    Un changement de maux ,
Voilà tout.

MADELEINE.

        Et pourtant je poursuivrai ma route !
Je n'en vois pas le but. Dans mon cœur goutte à goutte
C'est du fiel distillé qui tombe chaque fois
Qu'au torrent du plaisir avidement je bois.
Mais je reste. Je veux m'enivrer et connaître
Ce bonheur qui demain me sourira peut-être !

MARTHE.

Non, le bonheur n'est point hors du sentier étroit
De l'âme qui s'épure et de l'âme qui croit.
Si le Seigneur maudit son épouse infidèle,
Il ajoute : « Et pourtant je me souviendrai d'elle !
« Quand elle aura souffert, quand elle aura pleuré,
« Moi, dans la solitude où je la conduirai,

« Parlant avec amour à son cœur qui m'oublie,

« Je lui rendrai la foi, le courage et la vie !

« Des beaux vallons d'Achor ma main lui fera don ;

« De ses crimes passés elle aura le pardon ;

« Et sa voix chantera comme dans sa jeunesse

« Des cantiques de joie et des airs d'allégresse.

« Alors elle pourra m'appeler son époux,

« J'effacerai Baal et du nom le plus doux

« Elle pourra nommer celui qui l'a sauvée.

« Voilà quelle faveur Sion s'est réservée...

« A ton peuple chassé de l'ombre du saint lieu

« Je dirai : «Sois mon peuple !» il dira : «Sois mon Dieu!»

MADELEINE.

Du Dieu que m'enseignaient les livres de Moïse

J'ai bravé les décrets, je ne suis point comprise

Dans l'oubli que sur moi sa main tient en suspens ;

Il ne peut être offert qu'aux pécheurs repentants ;

Je ne regrette rien.

MARTHE.

Le Messie à ton âme

Versera le pardon que le passé réclame.

Madeleine, souvent il vient sous notre toit :

Un jour j'osai, ma sœur, tout bas parler de toi,

Et je lus dans ses yeux un espoir ineffable !

2.

Il aime les pécheurs, il s'assied à leur table ;
A la Samaritaine il donna de cette eau,
Image de la loi du Testament nouveau ;
Enfin, lorsque le peuple aisément irritable
A voulu lapider une femme coupable,
Sur son front incliné, de son bras protecteur,
Il lui fit un rempart contre tant de fureur ;
Et dit à haute voix : « Dans le fond de son âme
« Quiconque est sans péché peut flétrir cette femme!»
Et la voyant sur lui lever des yeux confus :
« Allez en paix, dit-il, allez, ne péchez plus. »

MADELEINE, étonnée d'abord, puis avec tristesse.

Que dis-tu? quoi, sans boire aux eaux de jalousie
Elle obtient son pardon ? serait-il le Messie...
Ma sœur, laisse en repos, laisse à Magdalena
Celle qui sans remords un jour t'abandonna ;
Retourne heureuse et calme aux champs de Béthanie!

MARTHE.

Non, non, ma mission n'est point encor finie !
Ce que la voix du sang ne saurait obtenir,
Les accents de l'amour qui demande à bénir
L'achèveront. Le ciel met fin à mon épreuve ;
De l'amitié passée il me faut une preuve...

Madeleine, ma sœur, de quel sommeil tu dors !
Il n'est pas si profond dans l'abîme des morts...
Réveille-toi, tandis que la main qui châtie
Sur ton front révolté n'est pas appesantie ;
Promets-moi seulement d'aller près de Jésus
Entendre ses discours.

MADELEINE.

A mes instants perdus,

Peut-être.

MARTHE, vivement.

Maintenant, tout de suite, es-tu prête ?

MADELEINE, avec humilité.

La honte près de vous courberait trop ma tête.

MARTHE.

Viens, je veux te sauver, je guiderai tes pas.

MADELEINE

(elle semble prendre une résolution, et soulève une draperie).

Esclave, ma litière est-elle encore en bas ?

SCÈNE XI.

MADELEINE, MARTHE, L'ESCLAVE.

L'ESCLAVE.

Oui, madame.

MADELEINE.

C'est bien.

L'ESCLAVE.

Une jeune affranchie
Apporte ce billet.

MADELEINE

Après l'avoir parcouru rapidement tandis que Marthe donne quelques signes d'inquiétude.

Je renais à la vie !

A Marthe.

Pauvre sœur, pars sans moi, suis les pas de Jésus.
Le bonheur me sourit, va, je ne souffre plus...

A l'esclave.

Immédiatement introduisez l'esclave,
Je répondrai.

L'esclave sort.

SCÈNE XII.

MARTHE, MADELEINE.

MARTHE.

Tu vas resserrer ton entrave.

MADELEINE.

Marthe, reviens plus tard, demain, un autre jour.

MARTHE.

Dieu marquait celui-ci dans ses desseins d'amour.

MADELEINE.

O superstition ! un jour en vaut un autre !
Je poursuis mon chemin, ma sœur, suivez le vôtre.
Allez et laissez-moi... mais ne me plaignez pas !

MARTHE.

Madeleine, je reste et je suivrai tes pas.

MADELEINE, avec irritation.

Pourquoi ? voulez-vous voir et présider mes fêtes,
Et me citer encor les versets des prophètes ?
Aux nuits de Balthazar comparer mes festins,
Et mêler votre absinthe au nectar de nos vins ?
Vous attristez les fronts où la gaieté renvoie

Dans mon cœur sombre et morne un reflet de leur joie.
Partez, Marthe, partez. Je veux rendre mes jours
A force de plaisirs plus bruyants et plus courts;
Ils blesseraient vos yeux, ils affligent votre âme.

   En insistant.

Et je veux être seule.

MARTHE.

             O ma sœur! pauvre femme,
Cœur bon et déchiré qui voudrait vivre encor
Et que pourrait sauver un généreux effort;
Reviens, reviens au Dieu qu'adorait ton jeune âge;
Ne ravis pas ton âme au céleste héritage.
Au nom de nos aïeux, choisis, guidés par lui,
Du Messie attendu qu'il envoie aujourd'hui;
Des Saints qui, pleins de foi dans l'antique promesse,
Nous ont de race en race enseigné la sagesse;
De nos traditions mystérieux lien
Qui furent de Juda l'espoir et le soutien,
Dérobant à nos yeux, sous l'ombre des figures,
Le grand achèvement des Saintes-Écritures.
Au nom de tous les maux qu'Israël a soufferts,
Romps avec l'étranger qui le charge de fers,
Et quitte les hauts lieux et les fausses idoles
Pour un Dieu qui se peint à nous sous les symboles

D'une blanche colombe et d'un timide agneau...
Au nom de mon amour qui veilla ton berceau;
Des pleurs versés sur toi quand tu nous fus ravie;
De notre mère morte en te donnant la vie...
Reviens à Dieu, ma sœur, le joug du monde est lourd,
Et le chemin qui mène au ciel est doux et court.

MADELEINE va pour sortir.

A ma place offrez-lui vos ferventes prières,
Je vais...

MARTHE.

   Dieu de pardon, Dieu qu'adoraient nos pères,
J'ai voulu la sauver, tous mes efforts sont vains,
J'abandonne, Seigneur, le reste dans vos mains.
Oui, je pars...

MADELEINE.

  Marthe!

MARTHE.

      Adieu, j'ai lu votre pensée;
D'un censeur importun soyez débarrassée;
Ah! tu brûles déjà de voir hors de ces lieux,
Celle dont l'aspect seul te fait baisser les yeux.
Tu veux en vain forcer la nature à se taire;
Devant moi tu rougis au nom de notre mère...

Va d'excès en excès! Pourquoi te contrains-tu?
Foule aux pieds sans remords l'honneur et la vertu
La faute est consommée, il te reste le crime!
Madeleine, l'abîme attire un autre abîme!

MADELEINE.

Ne me maudissez pas au fond de votre cœur!

MARTHE.

Je ne vous connais plus! vous n'êtes pas ma sœur!

SCÈNE XIII.

MADELEINE seule.

Partie! enfin... Lia m'a dit que Laodice
L'introduisit ici; payons un tel service.

(Elle sonne.)

SCÈNE XIV.

MADELEINE, LIA.

MADELEINE.

Venez, Lia.

LIA.

Madame...

MADELEINE.

Il faut que sans me voir
Laodice s'éloigne et parte avant ce soir.
Je récuse les soins de serviteurs fidèles
Qui viennent préparer de semblables querelles.

LIA.

Laodice sans doute a cru...

MADELEINE.

Sans répliquer
Exécutez cet ordre.

LIA.

Afin de s'expliquer
Peut-être elle voudra vous voir encor, madame.

MADELEINE.

Lorsque j'ai dit : je veux, une esclave réclame?
Qu'on la chasse, vous dis-je, elle est de trop ici...

LIA, à part.

J'avais tout préparé pour qu'il en fût ainsi.

(Elle sort)

3

SCÈNE XV.

MADELEINE.

Me voilà libre, heureuse ! ah ! respirons... j'ai peine
A croire que c'est moi, la fière Madeleine,
Qui consente un instant à m'entendre citer
Les menaces du Ciel tonnant sans éclater !
Cette lettre,... triomphe où mon orgueil aspire !
Tout ce que j'ai rêvé, tout ce que je désire :
La couronne d'Hérode à mes pieds mise un jour ;
Moi commander d'un geste à ma superbe cour ;
Moi régner ! mais non plus sur de fades convives,
Plier des courtisans les volontés captives.
Songes de tant de nuits, vous vous réalisez,
Et mes souhaits hardis sont encor dépassés.
Au lieu d'un luxe vain, c'est la pourpre royale
Dont l'éclat enchanteur à mon regard s'étale.
Et j'aurais hésité, quand je pouvais choisir
Entre le sceptre offert que ma main va saisir,
Et l'ennui qui de Marthe est le seul apanage ?
Dans le sort des mortels un inégal partage
Donne à l'un le bonheur sous le chaume où l'on dort,
A d'autres le plaisir sous le dais brodé d'or.
Et je prends le dernier : honneurs et renommée,

J'aurai tout !

Avec découragement.

J'aurai tout ! excepté d'être aimée...

Ah ! je souffre !

(Avec attendrissement.)

Beaux jours de paix et de candeur
Où sur moi s'étendaient les ailes du Seigneur,
Où sa parole était pour mon âme ravie
L'onde qui donne aux fleurs la rosée et la vie ;
Qu'êtes-vous devenus ? Par sa sérénité,
Marthe de mon esprit tempérait la gaîté ;
Lazare m'enseignait la vertu. Laodice
De soins intelligents remplissait son service ;
Chassée !... en ses vieux ans ! par moi, moi qu'elle aimait !
Et Marthe m'a maudite ! Un démon m'animait.
Cette lettre est venue au moment où mon âme
A la voix de ma sœur vivait d'une autre flamme ;
Un trône, leur amour... O mon cœur, c'est en vain
Que tu veux t'obstiner à suivre ce chemin,
Tu saignes et tu meurs... Que devenir ? que faire ?
Jamais je n'oserai retourner vers mon frère...
Daïd, ange gardien !...

SCÈNE XVI.

MADELEINE, DAÏD.

DAÏD.

Ah! ne me grondez pas.
Le peuple de Jésus avait suivi les pas;
Je l'aperçois soudain au pied d'un sycomore,
Madeleine, je crois ici le voir encore...
Quel céleste sourire et quel regard divin!
Sur le front des enfants il étendait la main,
Je ne sais quelle force à ses pieds m'a poussée,
Mais par un mouvement prompt comme la pensée
Je m'agenouille et dis : « Bénissez-moi, Seigneur. »
O prodige d'amour! j'ai senti dans mon cœur
Couler comme un torrent de lumières, de grâces;
Et j'aurais pour toujours voulu suivre ses traces,
Si je vous aimais moins...

MADELEINE.

Chère enfant!

DAÏD.

J'ai songé
Qu'un bonheur est plus grand quand il est partagé
Revenez avec moi. Du haut de la montagne

Il enseigne le peuple ; à travers la campagne
Le concours de la foule est un guide certain.
Madeleine, venez...

MADELEINE.

Je ne puis.

DAÏD.

Ce matin

Sa parole est si tendre et si douce, ma mère.
A tous les malheureux il dit : « Je suis ton frère. »
De notre ancienne loi corrigeant les rigueurs,
Loin de les fuir, il cherche, il aime les pécheurs.

MADELEINE, émue.

Va donc auprès de lui, Daïd, puisque l'enfance
Plaît à son cœur...

DAÏD, naïvement.

Il dit qu'il aime l'innocence.

MADELEINE, avec un soupir.

Oui l'innocence est belle, ô ma fille, et je veux
Voir la tienne grandir et fleurir sous mes yeux.
(Avec intérêt et émotion.)
Quel secours offre-t-il pour les âmes troublées ?

DAÏD.

Il est le lis des champs et la fleur des vallées,
Et rend purs tous les cœurs qui s'adressent à lui,
Oh ! je l'ai bien senti dans le mien aujourd'hui.

MADELEINE.

Et qu'as-tu retenu de la sainte parole ?

DAÏD.

Je vais vous répéter sa belle parabole :
(Elle se recueille et joint les mains.)

Daignez aider, mon Dieu, ma mémoire et mon cœur ;
Mettez votre éloquence en ma bouche, Seigneur !
Un père de famille, aux mœurs patriarcales,
Avait deux fils ; lassé des vertus pastorales
Le plus jeune lui dit : « Je crois que mes destins
« M'appellent sur les bords de rivages lointains ;
« De vos biens, entre nous, veuillez faire un partage,
« Que j'emporte ma part de futur héritage.
« Mon fils, dit le vieillard, on court bien des dangers
« Sans amis, sans conseils, sous des cieux étrangers ;
« Et souvent on déchire en son adolescence
« Aux ronces du chemin sa robe d'innocence !
« Reste, je m'affaiblis, tu reviendrais trop tard

« Pour me fermer les yeux;... renonce à ce départ.

« Attends qu'on me descende au tombeau de mes pères. »

Mais rien ne put fléchir l'ingrat, ni les prières

Ni les pleurs... Il partit; au milieu des plaisirs

Il dissipe à la fois son or et ses loisirs;

Pour augmenter ses maux, une horrible famine

Du pays qu'il habite achève la ruine...

Le voilà seul, couvert de haillons en lambeaux,

Et réduit à garder les plus vils animaux.

Combien il regrettait sa première demeure...

MADELEINE, attendrie.

L'infortuné !...

DAÏD, continuant son récit.

Bientôt...

(Elle s'aperçoit de l'émotion de Madeleine.)

Madeleine...

(A part.)

Elle pleure !

MADELEINE.

Cette histoire est touchante...

DAÏD.

Oh! oui ; surtout la fin ;

Las de souffrir le froid, l'esclavage et la faim,
Il se lève disant : — «Sous le toit de mon père,
« Les moindres serviteurs goûtent un sort prospère,
« J'irai m'humiliant implorer mon pardon...
« Pourrait-il refuser? un père est toujours bon ! »
Il fit bien, n'est-ce pas ?

MADELEINE.

S'il avait l'espérance!

DAÏD.

Il part; il reconnaît les champs de son enfance;
Son père l'attendait : et dès qu'à son regard
Le prodigue paraît; soudain le bon vieillard
Court à lui tout en pleurs, contre son cœur le presse.
Et le fils répétait dans sa grande détresse :
— « J'ose à peine embrasser vos mains et vos genoux,
« Mon père, j'ai péché contre le Ciel et vous...
— « Je ne me souviens plus de ta première offense;
« Qu'on apporte à mon fils sa robe d'innocence !
« Serviteurs, hâtez-vous, préparez le repas;
« Mon fils est de retour, immolons le veau gras. »
Le prodigue reprit sa place accoutumée
Sous le toit paternel...

MADELEINE

se lève en proie à l'émotion la plus vive ; elle serre Daïd dans ses bras.

Ma fille bien-aimée,
Ta voix et ta candeur ont fait sur mon esprit
Plus que Marthe et l'arrêt que sa voix a prédit ;
Mène-moi, mène-moi vers ce Jésus qui t'aime.
Le prodigue, il est là... Le père c'est lui-même !...
Que ta pure innocence abrite mes forfaits,
Que je reçoive aussi ma part de ses bienfaits ;
Et lorsque tu verras Jésus, enfant chérie,
Dis-lui pour moi : — « Seigneur, pardonnez à Marie ! »

LA PRINCESSE MYOSOTIS

OU

LA REINE D'UN JOUR.

COMÉDIE-VAUDEVILLE EN UN ACTE.

-

Représentée pour la première fois au Sacré-Cœur de Metz,
le 25 juin 1856.

PERSONNAGES.

La Fée Candide.

La Princesse Myosotis.

Bluet, page de la princesse.

Radegonde , dame d'honneur.

Pervenche, paysanne.

Bouton d'or, son frère.

Papillon, page de la Fée.

La scène se passe dans le royaume d'Yvetot. Le théâtre représente un parc.

La princesse Myosotis se promène lentement un livre à la main ; Bluet porte la queue de sa robe. Dame Radegonde, vêtue de noir, la suit à quelque distance. De temps à autre, la princesse fait une petite mine ennuyée, et regarde à la dérobée la figure impassible de sa dame d'honneur. Myosotis laisse tomber son livre ; dame Radegonde le relève et le lui rend cérémonieusement.

LA
PRINCESSE MYOSOTIS
OU LA REINE D'UN JOUR.

—◇◇◇—

SCÈNE Ire.

LA PRINCESSE, RADEGONDE, BLUET.

LA PRINCESSE.

Mon Dieu ! ce n'était guère la peine de me rendre
un livre qui m'ennuie à mourir... A quoi bon me
faire apprendre par cœur des noms de pays où je
ne dois jamais aller, des dates et des batailles qui
ne m'intéressent en aucune façon? Ce qu'une princesse doit savoir avant tout, c'est bien commander;
en conséquence, pour la première fois de ma vie,
j'ordonne qu'on nous laisse.

RADEGONDE.

J'en demande mille fois pardon à votre majesté,
mais l'heure de sa promenade n'est pas encore
terminée.

MYOSOTIS.

Je n'entends plus marcher ainsi à pas comptés, comme un automate qui se meut au moyen d'un ressort; je veux jouer et courir comme les enfants de mon âge. Bluet, laisse le traîne de ma robe et va cueillir des primevères.

RADEGONDE.

J'espère que messire Bluet comprend trop bien la gravité de sa charge pour commettre une pareille infraction à l'étiquette.

MYOSOTIS.

Je vais rendre un décret qui la supprime.

RADEGONDE.

C'est impossible! Les ministres de votre majesté s'y opposeraient.

MYOSOTIS.

Dieu! mon altesse se trouve bien malheureuse.

RADEGONDE.

J'en demande humblement pardon à votre majesté.

(La princesse reprend sa promenade avec dépit. Dame Radegonde la suit avec roideur et mécontentement. De l'autre côté du parc arrivent Pervenche et Bouton d'Or.)

SCÈNE II.

MYOSOTIS, RADEGONDE, BLUET, PERVENCHE ET BOUTON D'OR.

MYOSOTIS.

La gentille petite paysanne ! Je désire lui parler. Dame Radegonde, dites-lui d'approcher, que je la voie.

RADEGONDE.

Quoi ! madame,... vous ne craindriez pas de vous commettre avec des gens de cette sorte ?

MYOSOTIS.

Une bonne souveraine doit justice et protection à tous ses sujets. Et je veux savoir si ceux-là n'ont rien à me demander.

Dame Radegonde fait signe aux deux petits paysans d'avancer. Sur un geste de Myosotis, Bluet laisse tomber la queue de la robe et court après les papillons. Pervenche, un gros bouquet à la main, s'approche avec Bouton d'Or qui tient un panier de fruits.

MYOSOTIS.

Bonjour, ma petite, oh ! les belles fleurs !

PERVENCHE.

Dame ! si elles vous font plaisir !

RADEGONDE.

Ce n'est pas ainsi qu'il faut répondre ; on doit dire :
Si elles font plaisir à votre majesté.

PERVENCHE, confuse.

Excusez, madame, j'ignorais que cette jeune de-
moiselle était une majesté. (A Bouton d'Or.) Tire donc la
révérence, toi, à cette heure.

MYOSOTIS.

Dame Radegonde, pour le moment, n'ayez pas
tant souci de ma dignité. Les titres me fatiguent, et
quand je parle aux jeunes sujets de mon royaume,
je veux leur éviter l'embarras du cérémonial pour
mieux connaître leurs pensées et leurs besoins.

RADEGONDE.

Quel oubli des convenances !

MYOSOTIS.

Madame, je vous le répète, l'étiquette me glace.
Tenez pour certain que je vais m'en débarrasser
pour tout le reste du jour. Allez le dire aux ministres, et attendez la perte de votre tabouret.

(Radegonde s'éloigne.)

SCÈNE III.

MYOSOTIS, PERVENCHE, BLUET, BOUTON D'OR.

MYOSOTIS.

Maintenant, mon enfant, causons.

PERVENCHE.

Je n'oserais pas.

MYOSOTIS.

Pourquoi?

PERVENCHE.

Dame! parce que vous êtes reine d'Yvetot.

MYOSOTIS.

Oui, une reine de quatorze ans, qui joue à la poupée quand dame Radegonde n'est pas là!... Tiens, j'aimerais à courir les prés, tout le long du jour, au beau soleil, comme toi; à cueillir des marguerites et danser le dimanche; mais régner! oh! quel supplice! Voyons, appelle-moi tout simplement Myosotis, Bluet fera de même. Comment te nommes-tu?

PERVENCHE.

Pervenche, pour vous servir.

MYOSOTIS.

Et ton frère ?

PERVENCHE.

Bouton d'Or.

MYOSOTIS.

Voilà des noms qui me plaisent ! Eh bien, raconte-moi comment tu passes tes journées ; je suis curieuse de comparer nos deux existences.

PERVENCHE.

Ah ! c'est bien simple, mademoiselle. D'abord, je me lève au point du jour, et je vais conduire les troupeaux dans les champs. À midi, on dîne dans le pré, sous les noyers. En été, je moissonne et je manie joliment la faucille, allez ! Puis on bat le blé en grange, et le soir on file. Alors les anciens racontent des histoires et les jeunesses chantent des chansons. Dame, la veillée passe vite.

MYOSOTIS.

Voilà une vie comme je l'aimerais !

AIR : *Ah ! le bel oiseau, maman.*

Oui je veux jusqu'à demain
Oublier que je suis reine.

Le pouvoir a tant de peine !
Toi tu nargues le chagrin ;
Je veux devenir bergère,
Changer d'allure et de nom,
Porter houlette légère,
Avoir un chien, un mouton.

Oui je veux, etc.

Je veux danser au hameau
Le dimanche sous les charmes,
Et n'avoir d'autres alarmes
Que le soin de mon troupeau.
J'abolis dans mon royaume
Les impôts et les édits ;
Je régnerai sous le chaume
Alors j'aurai des amis.

Je veux danser, etc.

Jamais tu n'es triste, Pervenche ?

PERVENCHE.

Triste ! qu'est-ce que c'est que ça ?

MYOSOTIS.

C'est avoir envie de bâiller ou de pleurer à toute

minute; commencer vingt choses et n'en finir aucune.

Ça arrangerait joliment les affaires de la métairie. Non, jamais on ne s'ennuie, mais on travaille hardiment.

Comme le repos doit sembler bon après un jour bien employé!... Puis, dans les veillées, cette gaîté qui n'est pas de commande comme l'éternel sourire de mes courtisans. Je voudrais bien entendre une de tes chansons, Pervenche.

Dame, je n'ai point appris; mais puisque ça vous est agréable... (Elle chante).

> Dans notre village } bis.
> Chacun vit content, }
> Les bergers chantant,
> Après la fin de leur ouvrage,
>
> Dans ce beau séjour
> Sont mieux qu'à la cour.

2ᵉ COUPLET.

Jamais la tristesse
Ne règne en ces lieux, } *bis.*
Les ris ét les jeux
Y font leur demeure sans cesse.

Ce riant séjour
Vaut mieux que la cour.

MYOSOTIS.

C'est charmant. Merci, Pervenche. Je voudrais passer toutes mes heures avec toi. Depuis que dame Radegonde m'a quittée et que tu es ici, je me sens tout autre. Maintenant nous allons goûter. Avec les fruits de ce panier et les gâteaux que Bluet a dans les poches de son pourpoint, nous ferons un repas splendide.

BLUET.

Je n'ai que deux brioches. Impossible de trouver quelque chose de plus à l'office : dame Radegonde avait emporté les clés.

PERVENCHE.

Si ce n'est que cela, j'ai du pain; il n'est pas

blanc, mais il est sain, et je n'en mangeons point
d'autre.

MYOSOTIS.

Ah ! Pervenche, tu es bien heureuse !

BOUTON D'OR.

Moi, j'aime mieux de la brioche. Je n'en ai jamais
goûté ; ça doit-y être bon !

BLUET.

Myosotis, donnez-moi du pain noir, s'il vous plaît.

BOUTON D'OR, à Bluet lui montrant le gâteau.

Tu manges de ça tous les jours, toi, je voudrais
bien être à ta place.

PERVENCHE.

Ma fine ! c'est si bon que ça fait haïr le goût du
pain.

MYOSOTIS, mangeant le pain noir.

Oh ! non, il est meilleur.

PERVENCHE.

Puis vous avez de belles robes brodées d'or qui
brillent comme le soleil.

MYOSOTIS.

Elles m'empêchent de courir.

PERVENCHE.

Mais les autres fillettes en sont jalouses. Et ça fait toujours plaisir d'être belle et bravement mise.

MYOSOTIS.

Bluet, n'aimerais-tu pas mieux courir après les papillons que de porter mon missel ou mon éventail ?

BLUET.

Oh ! si.

BOUTON D'OR.

Et moi, je voudrais que ma sœur fût une grande dame à qui on fît des révérences.

MYOSOTIS, se levant.

Nous avons fini ? Laissez le couvert pour les oiseaux et amusons-nous.

BLUET.

A quoi ?

PERVENCHE.

Il faut choisir des arbres et courir les uns après les autres.

MYOSOTIS.

Tu as toujours de bonnes idées.

PERVENCHE.

Mais nous ne sommes que quatre.

SCÈNE IV.

LES PRÉCÉDENTS ET RADEGONDE.

BLUET, avec frayeur.

Voilà dame Radegonde !

MYOSOTIS, joyeusement.

La cinquième... Dame Radegonde, veuillez déroger à votre gravité habituelle et vous prêter à ce que je désire. Mettez-vous là. (Elle la fait se placer au milieu du théâtre.) Quand vous verrez un des quatre arbres libre, vous vous en emparerez.

RADEGONDE , indignée.

Moi! me prêter à un tel scandale! Je supplie votre majesté de réfléchir.

MYOSOTIS.

Je ne réfléchis à rien, sinon que jusqu'à présent j'ai été esclave, et qu'il y a un terme à tous les abus. « Nous, Myosotis première, souveraine du royaume « fondé par l'illustre roi Clotaire, nous voulons qu'à « l'avenir les reines soient indépendantes de leurs « dames d'honneur. — J'abolis les duègnes, je dé- « fends les leçons à étudier, je mets la joie à l'ordre « du jour et dame Radegonde fera sa partie aux « quatre coins. »

RADEGONDE.

Votre majesté !...

MYOSOTIS.

Égalité devant la jeunesse et le plaisir. Je voudrais ôter cette sotte parure, pour prendre la jupe courte et la pannetière de Pervenche.

RADEGONDE.

C'est une insigne folie !

4

PERVENCHE.

Ah! si je pouvions à votre place avoir une belle robe, un petit page, et marcher toujours comme ça!

(Elle fait quelques pas avec une gravité comique.)

BOUTON D'OR, regardant le costume de Bluet.

Si j'avais ce beau pourpoint à galon d'argent!

PERVENCHE.

Si je ne portais plus de sabots!...

BOUTON D'OR.

Si je mangeais de la brioche fraîche!...

MYOSOTIS.

Battre la crème, vendre du beurre, conduire les moutons, danser ou dormir sur l'herbette; quel sort digne d'envie!...

PERVENCHE.

S'asseoir dans des fauteuils en velours, marcher sur des tapis dans des salons tout dorés, danser avec de beaux seigneurs, porter des dentelles, des bijoux; quel plaisir! quel bonheur!

MYOSOTIS.

Oh! bonne fée, ma marraine, qui avez veillé sur mon berceau, que ne pouvez-vous changer l'ordre de nos destinées ?

(Une musique lointaine se fait entendre ; elle se rapproche et la fée paraît accompagnée de Papillon.)

SCÈNE V.

LA FEE, MYOSOTIS, PERVENCHE, BLUET, BOUTON D'OR, PAPILLON, RADEGONDE.

(Dans le fond du parc.)

LA FÉE CANDIDE.

Je le peux... Vous, princesse, vous désirez renoncer aux grandeurs pour devenir bergère, je vous laisse libre... Vous, Pervenche... l'ambition vous a gagnée, prenez le trône de Myosotis.

La fée fait un geste, les enfants s'agenouillent, elle les touche successivement de sa baguette. Ils se relèvent. On entend de nouveau les sons d'un prélude éloigné qui amène la ritournelle des couplets sur l'air : *La Bonne aventure.*

MYOSOTIS chante en s'adressant à Pervenche.

Nous renversons du destin
Le pouvoir suprême ;

Que le sceptre dans ta main
  Passe aujourd'hui même ;
En serons-nous plus heureux,
Voilà le secret des cieux.
A la bonne aventure
  O gué,
A la bonne aventure.

(Les enfants répètent en chœur le refrain et forment une ronde.)

PERVENCHE.

Moi j'aime les diamants,
Les fines dentelles,
J'adore les compliments,
Les modes nouvelles.
On possèd' tout à la cour.
Essayons-en pour un jour.
A la bonne aventure
  O gué,
A la bonne aventure. (Id. comme au 1er couplet.)

La princesse ôte sa couronne. — Pervenche dépose sa pannetière que saisit la princesse, et, sur un geste, Myosotis prend le chemin du village et Pervenche celui du palais. Bouton d'Or tient le bas de la jupe courte de sa sœur.

SCÈNE VI.

LA FÉE CANDIDE, RADEGONDE, PAPILLON.

LA FÉE.

Elles vont toutes deux recevoir une leçon qui leur
sera profitable, je l'espère. Pauvres petites !... Elles
s'imaginent chacune être née pour occuper une autre
place que la sienne. Mais le pouvoir suprême ne
nous laisse pas le choix. Princesse ou bergère, une
femme se doit à tous et à elle-même. Que de soucis
dans la royauté ! que de fatigues dans la vie cham-
pêtre !... Dame Radegonde, approchez.

RADEGONDE.

Tout se bouleverse autour de moi.... La princesse
se moque du cérémonial ; et la fée Candide, loin de
la rappeler au sentiment de sa dignité, autorise une
telle conduite !... Je crains de devenir moi-même
semblable à l'une des girouettes du palais.

LA FÉE.

Attendez la suite de tout ceci, dame Radegonde.
Avant la fin du jour Pervenche et Myosotis regret-
teront l'échange qu'elles ont fait, et me supplieront de

4.

leur rendre à l'une le trône, à l'autre sa chaumière. Jusque-là, obéissez à mes prescriptions, et reconnaissez Pervenche pour votre souveraine maîtresse.

RADEGONDE.

Je vais tellement la traiter en princesse qu'elle se fatiguera de son rôle.

LA FÉE.

Je suis curieuse de connaître l'administration qui va régir aujourd'hui le royaume d'Yvetot. Papillon, vous resterez ici, voltigeant comme un sylphe discret, puis vous viendrez me rejoindre et ferez atteler huit cygnes blancs à ma conque marine.

Papillon s'incline en signe d'obéissance et la fée disparaît·

SCÈNE VII.

RADEGONDE seule, chantant.

AIR : *Allez-vous-en gens de la noce.*

On ne devra plus en ce monde
Désormais s'étonner de rien ;
La folie en faisant sa ronde
D'Yvetot a pris le chemin ;

La Princesse se fait bergère,

La Bergère aime la grandeur ;

Mais quand tout change sur la terre,

Il reste une dame d'honneur.

L'esprit de vertige a saisi tout le monde ; la fée elle-même ne raisonne plus... Si l'étiquette s'en va, que deviendront les royaumes ?.... Quant à moi, fidèle à mon poste, j'ennuierai la nouvelle souveraine d'une façon royale.... Péronnelle, va !.... Oh ! je suis d'une colère....

SCÈNE VIII.

RADEGONDE, PERVENCHE, BOUTON D'OR, PAPILLON.

(Pervenche arrive, suivie de Bouton d'Or qui a revêtu le costume de Bluet. Pervenche porte la parure de Myosotis, et se donne de grands coups d'éventail dans la poitrine.

PERVENCHE, à part.

Charité bien ordonnée commence par soi-même... mon premier soin sera d'assurer le bonheur de ma famille... Cette royauté me paraît un rêve... si je me réveille, il faut au moins que le souvenir de quelques bienfaits se rattache à cette journée. Ma bonne vieille mère ignore ma fortune.... elle va me chercher en vain. La fée m'a défendu de retourner au village .... Je vais lui envoyer un messager et des présents .... Essayons de me faire obéir. Dame Radegonde, notre bon plaisir est de vous prendre pour secrétaire de nos commandements.

Papillon, donnez ce qu'il faut pour écrire. (Papillon présente un coussin sur lequel se trouvent du papier et une plume.—Bouton d'Or s'agenouille et le soutient. Pervenche prend la plume et va pour écrire.)

PERVENCHE.

J'oubliais qu'en ma qualité de Princesse, je ne sais pas signer. (Bouton d'Or se lève —Pervenche se renverse dans son fauteuil, fait signe à Papillon et à Bouton d'Or de s'asseoir à ses pieds et dicte : « Il sera fait à Modeste une pension de cinquante « écus d'or.... »

BOUTON D'OR.

Pour notre mère ?

PERVENCHE.

Certainement (continuant de dicter.) « On rebâtira sa « maison qui tombe en ruines, et on lui fera parvenir « le meilleur vin de la cave royale... »

RADEGONDE, s'oubliant.

Mais petite effrontée...

PERVENCHE,

donnant sur les doigts de dame Radegonde avec son éventail.

Vous vous oubliez, Radegonde....

RADEGONDE, à part.

Aïe ! (haut.) J'obéis.

PERVENCHE.

Allons, continuez. Il sera remis à Modeste, quatre mille écus au nom de sa fille qui devait être rosière l'an prochain. Dans le cas où une révolution forcerait Pervenche à se démettre de la couronne, cette somme lui sera comptée à titre de dot. (à dame Radegonde.) Donnez-moi le cachet que je mette mon sceau.

RADEGONDE.

Le sceau royal? Jamais.

PERVENCHE,

donnant un second coup d'éventail sur les doigts de Radegonde qui lui tend le cachet.

Je vous l'ordonne ! Quant à vous, Bouton d'Or et Papillon, allez, faites distribuer toutes largesses possibles au peuple. Je vous permets de donner un banquet aux enfants de votre âge. (Les deux enfants se retirent en criant : Vive Pervenche Ire ! et s'éloignent en emportant le nouveau décret de la Princesse.)

SCÈNE IX.

PERVENCHE, RADEGONDE.

PERVENCHE.

Pourriez-vous me donner la poupée de Myosotis ?

RADEGONDE.

Impossible !

PERVENCHE.

Pourquoi ?

RADEGONDE.

Votre majesté doit maintenant étudier l'histoire de ses nobles ancêtres.

PERVENCHE, riant.

Pardi, mon père était laboureur et ma mère filandière.

RADEGONDE.

Votre majesté se trompe. Votre père se nommait Simple Ier, roi d'Yvetot et son illustre épouse Jeanneton II...

PERVENCHE.

Je l'avais oublié.... Avez-vous des cartes, dame Radegonde ?

RADEGONDE.

Je ne suis pas digne de jouer avec votre majesté, vos parents seuls ont ce droit.

PERVENCHE.

Quel malheur ! J'ai renvoyé mon frère. Allez chercher des ânes, j'irai à la promenade.

RADEGONDE.

Votre majesté ne peut y aller qu'en litière et escortée d'un piquet de gardes.

PERVENCHE.

Alors servez-moi à souper.

RADEGONDE.

Votre majesté ne doit pas avoir faim maintenant.

PERVENCHE.

Amusez-moi donc, alors ; je trouve le temps bien long en face de votre vilaine figure.

RADEGONDE.

J'en suis désolée pour votre majesté.

PERVENCHE.

Est-ce que les autres souveraines s'ennuient ?

RADEGONDE.

Souvent... Mais elles ont la consolation de faire le bonheur de leurs sujets... Votre majesté veut-elle que je reprenne l'histoire de ses aïeux, ou que je lui lise le chapitre du cérémonial à l'usage des princesses ?..

PERVENCHE.

Ni l'un ni l'autre. (à part) Décidément elle m'assomme. (haut) Bouton d'Or tarde à revenir; voyez si l'on a exécuté mes ordres.

RADEGONDE.

Pendant mon absence, le bon plaisir de votre majesté doit être d'apprendre l'histoire de la bataille de Soissons. (Elle fait une révérence et sort.)

SCÈNE X.

PERVENCHE, seule.

Mon bon plaisir... Je n'ai j'amais vu un mot plus élastique que celui-là. Quand une chose me déplaît, cette vieille sorcière me répond : Sous le bon plaisir de votre majesté. Si je ne songeais pas à ma mère, je retournerais bien vite au village. (Elle aperçoit Myosotis.)

SCÈNE XI.

PERVENCHE, MYOSOTIS portant un costume de paysanne et une quenouille au côté.

PERVENCHE, souriant.

Je la reconnais !

MYOSOTIS, d'un air de protection.

Bonjour, petite. (Se reprenant et faisant une grande révérence.)
Que votre majesté me pardonne !

PERVENCHE.

C'est bien. Je ne suis pas fière, va. Approche, nous
allons causer librement. Croirais-tu que dame Radegonde m'a ordonné d'apprendre une leçon ?

MYOSOTIS.

J'en faisais autant tous les jours. Mais ce n'est pas
difficile pourvu qu'on ait bonne mémoire. Tandis
que filer, lorsque jamais on n'a tenu ni quenouille
ni fuseau, c'est désespérant. Vois, Modeste m'a mis
ça au côté en me disant : Tiens, ce soir il faut qu'il
y ait une fusée... Une fusée ! ai-je dit, qu'est-ce que
c'est que cela ? Alors elle s'est mise en colère, m'a
menacée de sa béquille et je suis partie en courant.
Il est dans un bel état son lin ; vois comme je l'ai
embrouillé.

PERVENCHE.

Tu ne sais pas faire grand'chose, faut en convenir.
(Elle prend la quenouille et le fuseau.) On s'y prend comme ça :

5

la quenouille à la ceinture, le fuseau dans la main droite et on tourne. Ça n'est pas malin ! (Elle pose la quenouille et le fuseau à terre, et prend son livre.) Maintenant service pour service : je t'ai appris à filer, enseigne-moi à lire ma leçon. (Myosotis se rapproche et suit dans le livre des yeux Pervenche épelant.) C, l, o, clo, v, i, s, Clovis premier, pre, mier, roi, ch, r, é chré, t, i, e, n, tien, chrétien, rem, por, ta, une, v, i, c, toire, r, e, re. (Pervenche jetant le livre à terre.) Dame Radegonde se fâchera si elle veut, je n'apprendrai pas. J'aime mieux rendre les édits comme tantôt.

MYOSOTIS.

Je ne l'ai jamais osé, moi

PERVENCHE, avec importance.

Il faut bien montrer qu'on règne. J'ai fait à ma mère une pension, puis je lui ai envoyé quatre mille écus et un panier de vin.

MYOSOTIS,

Je comprends, maintenant ! La pauvre femme était tout ébahie, quand ce cadeau lui est arrivé ; elle a chanté, Dieu me pardonne, je crois qu'elle a dansé de joie.

PERVENCHE.

Son bonheur me console des soucis qu'entraîne ma nouvelle position, car l'obéissance de dame Radegonde à mes ordres s'est bornée là. Un refus bien sec a été son unique réponse à mes autres demandes. Si je désire me promener, impossible ; jouer aux cartes, mes parents ne sont pas là ; manger ce n'est pas l'heure d'avoir faim... Dame, tout n'est pas rose dans l'état de princesse !......

MYOSOTIS.

Tout n'est pas jasmin dans celui de bergère !...

Lorsque je suis rentrée chez Modeste, elle m'a crié : «Ramène les moutons des champs.» J'ai couru à en perdre haleine ; mais les agneaux qui ne connaissaient pas ma voix, ne m'ont guère écoutée, et quand Modeste les a comptés, il y en avait deux de moins. Ah ! mon Dieu ! j'ai cru qu'elle allait me battre.

PERVENCHE.

C'est rien ça.

SCÈNE XII.

MYOSOTIS, PERVENCHE, BLUET, BOUTON D'OR.

Bluet arrive en boitant ; Bouton d'Or revient sans toque, avec son pourpoint en désordre.

MYOSOTIS.

Voilà mon ancien page dans un piteux état.

BLUET.

Le garçon de ferme m'a appelé fainéant, parce que je ne voulais point rentrer le foin, et le chien de garde m'a mordu. (Il se tâte la jambe.) Cela me fait bien mal ; il m'a emporté un morceau du mollet.

BOUTON D'OR.

Moi, j'ai rencontré de petits vilains qui avaient été autrefois mes camarades. Ils se sont mis à crier en me voyant : Tiens, Bouton d'Or qui est devenu un grand seigneur !... Je leur ai répondu par des bourrades et me voilà sans chaperon, et avec des manchettes déchirées.

(Les deux enfants s'éloignent un peu et semblent se faire des confidences.)

MYOSOTIS, à Pervenche.

Eh bien , que penses-tu de ta nouvelle vie ?

PERVENCHE.

Elle est charmante, mais....

MYOSOTIS.

C'est comme la mienne, et cependant. ..

PERVENCHE, soupirant.

Ah !

MYOSOTIS, soupirant.

Oh !

PERVENCHE.

Tu soupires ?

MYOSOTIS.

Comme toi !

PERVENCHE.

Si j'étais libre d'aller et de venir, ça me serait égal et à Bouton d'Or aussi.... mais rester là comme des soliveaux.

MYOSOTIS.

Franchement, si nous étions à recommencer, nous ne prierions pas la fée de changer nos conditions.

PERVENCHE.

Bien sûr. J'ai l'âme toute triste...

MYOSOTIS, pleurant.

Je suis bien à plaindre.

PERVENCHE, pleurant.

Et moi, donc.

(Bluet et Bouton d'Or se rapprochent aussi en pleurant.)

SCÈNE XIII.

LES PRÉCÉDENTS, LA FÉE, PAPILLON.

LA FÉE.

Comment, des larmes! je m'attendais à vous trouver si joyeux, car tous vos souhaits sont accomplis maintenant!

MYOSOTIS.

Oh! bonne fée, ma marraine, ne pourriez-vous nous rendre à chacune le sort que nous fûmes assez peu sages pour dédaigner?

PERVENCHE.

Je suis dégoûtée des honneurs.

MYOSOTIS.

Moi, de la vie de bergère.

BLUET.

J'aime mieux porter la queue d'une robe que de rentrer du foin.

BOUTON D'OR.

Oh ! puissante fée ! refaites de moi un petit paysan !

LA FÉE.

C'est faiblesse que de prêter l'oreille à des demandes si folles et si contradictoires.... Enfants, retenez-le bien.... ce qui est réglé par le souverain Maître est bien fait. Vous, princesse, les lois qui enchaînent vos désirs vous apprennent à vous vaincre.... Vous, Pervenche, une existence laborieuse est la seule qui vous convienne. Votre beauté même y gagnera : Pervenche est une agréable paysanne et une reine assez gauche.... Myosotis a l'air trop noble et trop fière pour une gardeuse de moutons. Je vous rends donc à chacune votre premier état. Seulement, afin qu'il reste quelque chose de cette folle journée, les édits de Pervenche qui assurent une rente à sa mère et une dot pour elle seront fidèlement exécutés.

PERVENCHE, chantant.

AIR : *Dans les Gardes Françaises.*

Loin de former sans cesse
Chaque jour d'autres vœux,
Mettons notre sagesse
A nous trouver heureux ;

Chaque état sur la terre
Nous offre des plaisirs.
Il faut savoir s'y plaire
Et borner ses désirs.

MYOSOTIS.

AIR : *La bonne aventure.*

Vous avez suivi ce soir
Notre double chance
Il nous reste à recevoir
Notre récompense.

Si nous n'avons pas eu tort,

Veuillez applaudir bien fort

A cette aventure

O gué

A cette aventure.

(Dame Radegonde arrive sur la fin du dernier couplet, portant sur son bras la poupée de la princesse Myosotis.)

RADEGONDE, à part.

Enfin l'étiquette triomphe.

L'orchestre joue une marche sur l'air : « *Il était un roi d'Yvetot.* » Myosotis fait un signe à Bluet de prendre sa jupe. Pervenche relève la queue de sa robe sur son bras et emmène Bouton d'Or d'un autre côté : dame Radegonde suit la princesse. La Fée salue le public avec sa baguette, pendant que Papillon lui envoie un baiser, et tous deux sortent par le fond.

A Mademoiselle ÉMILIE B....

Que cette étude biblique, écrite à l'ombre des sorbiers du Gütchen, soit pour vous comme un bouquet de Vergiß=mein=nicht, qui vous défende de jamais m'oublier.

MARIE DAVID.

Trèves, août 1856.

L'ENFANT PRODIGUE.

DRAME BIBLIQUE EN TROIS ACTES ET EN VERS.

PERSONNAGES.

Le Père de Famille.

Nathanie, le Prodigue.

Joel, son frère.

Salmaria, vieillard aveugle.

Sobal, confident de Nathanie.

Zorach. }
Cléon. }
Cassius. } Amis du Prodigue.
Samaris. }

Nadaï, petit pâtre.

Moissonneurs, esclaves, serviteurs.

La scène se passe sous le péristyle de la maison du père de famille.

Porte au fond, porte à gauche ; une table à droite ; des rouleaux de parchemin sur un siège : un sac d'argent sur la table.

Musique lointaine servant de prélude à la première scène.

L'ENFANT PRODIGUE.

ACTE PREMIER.

SCÈNE 1re.

LE PÈRE DE FAMILLE, JOEL.

(On entend le chant des moissonneurs qui se rapproche peu à peu.)

Le Seigneur bénit vos gerbes,
Vos vignes, vos oliviers,
Et ces javelles superbes
Feront ployer vos greniers.
Aux justes sa main dispense
Les trésors de l'abondance ,
Partagés aux malheureux :
Ainsi que sa voix l'ordonne ,
Dans les sillons généreux,
Nous avons laissé pour eux
 Les épis de l'aumône.

(Le chant cesse ; l'orchestre joue en sourdine jusqu'aux premiers mots
de Salmaria.)

LE PÈRE.

Les chants des moissonneurs arrivent jusqu'à nous.

JOEL.

Leur gaîté dit assez combien leur sort est doux.

LE PÈRE.

Joël, vous recevrez la récolte dernière,
Et de ces ouvriers vous paierez le salaire,
Où donc est Nathanie?

JOEL.

       A peine le jour luit
Qu'il s'éloigne et souvent ne rentre qu'à la nuit.

LE PÈRE.

Sa tristesse devient plus sombre et plus farouche,
Et parfois des soupirs s'échappent de sa bouche,
Le secret de ses pleurs vous serait-il connu?

JOEL.

Il languit sous le poids d'un tourment inconnu,
Rien ne peut éclairer son front pâle et morose.

LE PÈRE.

Essayez aujourd'hui d'en connaître la cause;
Peut-être de Sobal vous pourrez le savoir.

JOEL.

Je l'interrogerai, mon père, avant ce soir.

SCÈNE II.

LE PÈRE, JOEL, SOBAL, SALMARIA.

Entrée des moissonneurs portant les gerbes.

! Pendant que les moissonneurs reprennent la fin du chant et rangent les faucilles et les gerbes, Salmaria entre avec hésitation et s'arrête sur le seuil.

SALMARIA.

De l'hospitalité qu'en Judée on révère,
J'implore le bienfait.

JOEL.

Accueillez sa misère.

LE PÈRE, à part.

Infirme, aveugle, vieux, quel fardeau de douleur!
Haut.

D'où venez-vous ainsi, malheureux voyageur?

SALMARIA.

Hier, j'avais encor, proche de ces campagnes,
Une cabane au pied d'un cèdre des montagnes,

Le feu l'a consumée et je suis sans abri.

LE PÈRE.

Mon foyer, bon vieillard, est le vôtre aujourd'hui.
Toujours des cheveux blancs protégent les familles ;
Le blé vient de tomber sous les coups des faucilles.
Partagez avec nous les bienfaits si touchants
D'un Dieu qui, par sa grâce, a fécondé mes champs.

SALMARIA.

Que ne puis-je vous voir, ô sage vénérable !
Espoir des malheureux, soutien du misérable,
Vivez heureux longtemps et trouvez dans vos fils.
De vrais imitateurs de jours si bien remplis.

LE PÈRE.

Le Se gneur vous entende ! Ah ! voilà Nathanie.

SCÈNE III.

LES MÊMES, NATHANIE.

Nathanie entre d'un air triste et préoccupé ; il s'avance vers son père avec une froide réserve.

NATHANIE.

Mon père !

LE PÈRE.

La moisson des champs d'orge est finie.
Ensemble nous irons présenter au Seigneur .
Les prémices des blés. (A part.) Il est toujours rêveur.
Aux moissonneurs.

Que l'on puise au cellier le jus de nos vendanges
Avant de réunir les gerbes dans les granges.
A Salmaria.

Prenez part au repas qui termine ce jour.
D'une épouse, d'un fils regrettez-vous l'amour?
Quels ont été jadis vos travaux, votre histoire ?
Patriarche des champs, en leur longue mémoire
Les pasteurs ont toujours les grands enseignements
D'une vie où souvent se pressent les tourments.
Veuillez nous éclairer de votre expérience.

SALMARIA.

Ne rouvrez pas la plaie où saigne la souffrance,
Lorsque l'on vit longtemps on verse bien des pleurs.
Le nombre de mes jours mesure mes malheurs.

LE PÈRE.

Il suffit; pardonnez l'indiscrète prière
Qui vous fait souvenir d'une existence amère ;

Si ce toit est modeste, il est hospitalier,
A son ombre l'on vit pour s'aimer et prier ;
Jouissez du bonheur que le ciel nous envoie.

SALMARIA.

Qu'il vous garde en vos fils une constante joie !

LE PÈRE, à Joël.

Amassez les épis, et qu'au déclin du jour
L'holocauste sacré prouve à Dieu notre amour.

A Salmaria.

Venez, que sur vos pieds on répande l'eau pure
Et que de vos habits on lave la souillure.

SCÈNE IV.

Le père emmène Salmaria; Joël et les serviteurs suivent; Sobal seul
rejoint Nathanie qui est demeuré étranger à toute cette scène.

NATHANIE, SOBAL.

SOBAL.

Votre père s'éloigne et vous restez ici,
Seigneur ?

NATHANIE.

Je porte seul le poids de mon ennui.

SOBAL.

En vain vous tenterez d'étouffer la pensée
Dont votre âme brûlante est encore oppressée,
Elle revient, seigneur, et reviendra toujours ;
Un désir inquiet consumera vos jours...
Changez un plan de vie obscur et monotone
Et jouissez des biens que le Seigneur vous donne.
Quittez un sol ingrat pour de riants pays,
Votre sévérité pour des plaisirs permis ;
Étudiez les arts chez des peuples célèbres,
Secouez des Hébreux les antiques ténèbres.
La science n'est pas chez les fils de Lévi ;
Elle est sur d'autres bords où soldat j'ai servi ;
Elle est à Rome, à Sparte ! Il faudrait, à votre âge,
Connaître leur histoire et parler leur langage,
S'instruire, comparer, vivre, enfin !

NATHANIE.

Tu dis vrai...

SOBAL.

Partout où vous irez, seigneur, je vous suivrai :
Si vous êtes heureux, mon existence est douce ;
Mais tant que votre main scrupuleuse repousse

Les biens et les plaisirs dont d'autres sont jaloux,
Je partage vos maux et je souffre avec vous.
Ah ! ne me croyez point l'âme d'un mercenaire,
Je vous aime encor plus que je ne vous révère.
Mon entier dévouement...

NATHANIE.

Je te connais, Sobal,
Et j'ai souvent gémi de voir traiter si mal
Celui qui, dans son cœur, j'aime à le reconnaître,
Protége le jeune homme et respecte le maître.
Je t'ai prouvé souvent quelle estime je fais
De services payés par de faibles bienfaits;
S'il est en mon pouvoir...

SOBAL.

Seigneur, je me retire,
L'or ne saurait payer ce que le cœur inspire;
Seule, l'affection peut m'attacher à vous,
En dépit des méchants et malgré les jaloux.

NATHANIE.

Eh bien, soyons unis par une amitié vraie :
De mon cœur tourmenté si tu sondas la plaie,
Applique le remède.

SOBAL.

Un prompt et sûr départ ;
Encore quelques mois, vous partiriez trop tard...

NATHANIE.

Et mon père, Sobal ?

SOBAL.

N'a-t-il pas votre frère ?
Son premier né, l'orgueil de sa vieillesse austère,
Les mois de votre absence ici paraîtront courts...
L'oubli vient aisément après les premiers jours.
Joël a sur son père un souverain empire.
Je m'arrête, seigneur... car j'aurais trop à dire.

NATHANIE.

Si mon frère est l'objet de constantes bontés,
Peut-être ces égards lui sont-ils mérités ;
Joël, grave, pieux, sévère en sa conduite,
Dédaigne le plaisir qui m'appelle à sa suite.

SOBAL.

Ou s'il a des défauts, il les cache si bien
Que son père abusé n'en soupçonne encor rien.

NATHANIE.

Pour moi, né plus actif ou moins parfait peut-être,
Je souffre avec regret le frein, la loi d'un maître;
Ce maître fût-il père, il est tyran pour moi
Si sur mes volontés il fait peser sa loi.
Tu me comprends, Sobal; dégagé de contrainte,
Je puis de mes regrets t'entretenir sans crainte;
Oui, tu m'ouvres les yeux, je trouve dans Joël
Un rival tout-puissant dans le cœur paternel.
Oh! me voir rebuté, Sobal!

SOBAL.

Pour un tel frère!

NATHANIE.

Ce jour même je veux interroger mon père.

SOBAL.

Ses réponses pourraient vous contrister encor;
Sa tendresse pour vous s'exprime avec effort.

NATHANIE.

Je me tairai, Sobal... Errants de plaine en plaine,
Cherchons sous d'autres cieux la fortune incertaine.

SOBAL.

La fortune, seigneur, elle est entre vos mains :
Votre père vous doit la moitié de ses biens ;
Vous pouvez exiger...

NATHANIE.

Qui, moi, que j'en implore...

SOBAL.

Eh ! seigneur, se peut-il qu'à votre âge on ignore
Combien il est petit, chétif aux yeux de tous,
Celui qui ne peut pas se faire des jaloux ?
L'or est le seul pouvoir auquel rien ne résiste,
L'or est un talisman qui rend gai le plus triste :
Science, honneurs, plaisirs, respect, joie et festins,
Il donne tout à qui le sème à pleines mains.

NATHANIE.

Grâces à tes conseils, je commence à m'instruire,
Mon père !

SOBAL.

Adieu, seigneur !

NATHANIE.

Comment oser lui dire...

SCÈNE V.

(Le père de famille arrive lentement. Sobal dit alors avec affectation les deux derniers vers.)

J'aurai soin de choisir les plus grasses brebis
Dont le sang doit couler sur les sacrés parvis.

(Il sort.)

SCÈNE VI.

LE PÈRE DE FAMILLE, NATHANIE.

LE PÈRE.

Mon fils, avec bonheur je surprends le mystère
Du sacrifice saint qu'à Dieu vous comptez faire.
Vous suivez sans faux pas la route du devoir,
Sur vous de mes vieux ans se concentre l'espoir.
Je me plais à former votre âme jeune encore ;
Un beau jour est promis par les feux de l'aurore,
Et dans l'adolescence on aime à rencontrer
Le germe des vertus que l'homme doit montrer.
« La crainte du Seigneur conduit à la sagesse.
« L'insensé seul méprise et raille la vieillesse. »
Toi, mon fils, recueillant mes sérieux discours,
Tu seras le soutien, l'orgueil de mes vieux jours.
« L'enfant sage est la joie et l'honneur de son père,

« Et le fils insensé, l'opprobre de sa mère... »
Retenez mes conseils et suivez-les, mon fils.

NATHANIE.

Je l'essaierai, du moins.

LE PÈRE.

    Vers les divins parvis
Ne me suivez-vous pas ?

NATHANIE.

   Un peu plus tard, mon père.

LE PÈRE.

Pour moi votre présence est un bien nécessaire ;
Nathanie, un chagrin vous oppresse aujourd'hui.
Un père est pour son fils un conseil, un ami,
Partageons-en le poids...

NATHANIE.

   Laissez-moi vous le taire.

LE PÈRE.

Vous avez maintenant des secrets pour un père ?

NATHANIE.

Je vais porter un coup sensible à votre cœur.

LE PÈRE, vivement.

Auriez-vous transgressé les ordres du Seigneur ?

NATHANIE.

J'ai suivi jusqu'ici sa volonté suprême.

LE PÈRE, avec tendresse.

Osez tout dire, alors, au père qui vous aime...
Si l'offense m'atteint, je sais la pardonner,
Quoiqu'une faute en vous ait droit de m'étonner.
Soumis jusqu'à ce jour, sage en votre conduite,
D'où vient qu'en ce moment votre regard m'évite ?
Quand mon cœur paternel est fier de vos vertus...

NATHANIE.

O mon père ! épargnez mes esprits abattus ;
Si je vous avouais le chagrin qui m'accable,
Vous vous éloigneriez d'un enfant misérable.

LE PÈRE.

Je l'exige, parlez.

NATHANIE.

Un désir curieux
Me presse de quitter pour quelque temps ces lieux ;
Je souffre !... A mes regards cette vue est bornée
Et je traîne une vie à l'ennui condamnée.
Quoi ! jamais d'autres bords, jamais d'autres pays
Ne viendront enchanter mes regards éblouis ?
Toujours ces champs, ces bois, ce Liban, ces montagnes,
Je veux d'autres cités, je veux d'autres campagnes ;
Il faut à mon esprit un plus noble aliment.
Ne craignez pas pourtant un long éloignement ;
Ramené par mon cœur aux lieux qui m'ont vu naître...

LE PÈRE.

Tu n'y trouveras plus que des tombeaux, peut-être !

NATHANIE.

Je me taisais... pourquoi me contraindre et savoir...

LE PÈRE.

Choisis entre un désir coupable et ton devoir.
Reste, mon fils, au sein d'une terre sacrée,
Par nos rois, par l'autel, les martyrs consacrée,
Que t'y manquerait-il ?

6.

NATHANIE.

Tout, mon père, j'y meurs...

LE PÈRE.

Compterais-tu pour rien mes angoisses, mes pleurs ?
L'esprit du mal surprend ta jeunesse ignorante ;
Tu n'es pas vicieux, mais l'inconnu te tente ;
Tu t'abuses, mon fils ; à peine hors de ces lieux,
Tu sentiras alors le regret des adieux.
Qu'espères-tu trouver dans les cités célèbres
Où l'ignorance impie épaissit ses ténèbres ?
Des juges et des lois qui laissent impunis
Des crimes dont les noms parmi nous sont bannis ;
Tu verras des tyrans et des peuples serviles,
Des autels élevés à des dieux crocodiles,
Et la loi que gardaient les tables de Sina,
Cette loi, le bonheur et l'amour de Juda,
Comment la suivras-tu ? La jeunesse est fragile,
A tendre des filets le méchant est habile !
Coule ici de longs jours sous ce paisible toit ;
Notre horizon est pur s'il te paraît étroit.
Vois ces champs enrichis de superbes javelles,
Ces grands bois d'oliviers et ces vignes si belles,
Tout cela t'appartient ! Nous avons des amis,

Nos troupeaux sont nombreux, nos serviteurs soumis.

Tu choisiras bientôt, pour charmer la famille,

Du sage Zaraël la vertueuse fille ;

Que peux-tu souhaiter quand Dieu prévient tes vœux?

NATHANIE.

Je l'avouerai, les miens sont plus ambitieux.

Creuser un sol ingrat du soc de la charrue,

Est-ce un destin ? La gloire a fasciné ma vue,

Je veux me distinguer et revenir ici,

Plus savant, plus fameux...

LE PÈRE.

Moins vertueux aussi...

D'ailleurs, tu peux mourir sur la terre étrangère...

Qui mêlerait ta cendre à celle de ton père ?

Tu ne recevras pas sa bénédiction ;

O toi ! l'espoir, l'amour, l'orgueil de ma maison !

Si pour moi ta tendresse est filiale et vraie,

Sacrifie un projet dont le nom seul m'effraie.

NATHANIE.

Voir des peuples connus par leurs noms immortels,

Saluer en passant leurs marbres, leurs autels,

Recueillir à mon tour une palme de gloire,

Léguer un monument de plus à la mémoire,'
Voilà ce que je rêve et ce que mes souhaits
Embrassent chaque jour dans mes vastes projets.
Sparte, Rome, grandeurs que je connais à peine,
Aux gloires de vos fils j'égalerai la mienne !

LE PÈRE.

Quel peuple fut plus grand que le peuple de Dieu ?
En quels lieux, sur quels bords, mon fils, citez un lieu
Où des rois plus puissants et de plus saints prophètes
Étendirent au loin leurs illustres conquêtes ?
Quels poëtes connus ont jamais dépassé
L'Arabe Job, pleurant sur son bonheur passé ?
De quel cœur paternel, au sein de ses alarmes,
Sortirent plus de cris, de prières, de larmes
Que du cœur de David fuyant devant son fils,
Ou pleurant ses péchés, repentant et soumis ;
Quel mortel vertueux, même dans sa vieillesse,
Écrivit des conseils purs comme la Sagesse ?
Mon fils, Job, Jérémie, Ézéchiel, Salomon,
Sur les noms glorieux ont élevé leur nom.
Ni la Grèce, ni Rome, et l'univers ensemble,
N'ont rien d'aussi parfait, n'ont rien qui leur ressemble.
Vous m'avez écouté, qu'avez-vous résolu ?

NATHANIE.

Dans le fond de mon cœur, hélas! vous avez lu;
Ce que je désirais, je le souhaite encore.

LE PÈRE.

Quel souffle empoisonné vous ronge et vous dévore?
Tout le savoir de l'homme et ses talents divers
Sont des trésors rongés par la rouille et les vers.
Hélas! de mes leçons comme de ma tendresse
Voilà donc ce que doit recueillir ma vieillesse!

NATHANIE.

Dans peu je reviendrai consoler vos vieux ans.

LE PÈRE.

Pour t'attendre, ô mon fils, je n'aurai pas longtemps.
L'excès de la douleur met fin à la misère.
Que le Seigneur pour nous ne soit pas trop sévère!

NATHANIE.

Entre mon frère et moi partageant votre bien,
Laissez-moi disposer dès aujourd'hui du mien.

LE PÈRE.

Qu'il en soit donc ainsi! Des serviteurs fidèles
Compteront les brebis, les béliers, les chamelles;
On chargera le blé sur les bœufs vigoureux;
Les esclaves suivront... montrez-vous bon pour eux.

NATHANIE.

Mon père !

LE PÈRE.

   En vain sur toi mes yeux versent des larmes,
Tu méprises mes pleurs, tu railles mes alarmes,
Hélas ! je me vieillis, ton départ me tuera...

NATHANIE.

Mon père, auprès de vous mon frère restera.

LE PÈRE.

Oui, Joël dans mon cœur garde une large place,
Mais, faut-il l'avouer? c'est toi qui me retrace
Jéminah qui mourut en te donnant le jour :
Je t'aime, Nathanie, ainsi d'un double amour...
Jacob a préféré Benjamin à ses frères ;
Et toi, mon dernier né... Je le vois, mes prières
Attendrissent ton cœur... Je retrouve mon fils !

NATHANIE.

Vous l'exigez ? je sais souffrir et j'obéis...

LE PÈRE.

Exiger ! moi, d'un fils exiger quelque chose,
Pour que de ses chagrins je devienne la cause,
Dans ses yeux chaque jour lire son désespoir ;
Non, je n'exige rien ! pars donc avant le soir.
Emporte le repos, le bonheur de ma vie ;
Sois heureux loin de moi, trop cruel Nathanie !
Mais quand tu chercheras ton père à ton retour,
Dis-toi : Je l'ai tué pour prix de son amour.

(Il sort.)

SCÈNE VII.

NATHANIE.

O mon père ! arrêtez ! Il s'éloigne, il me laisse ;
Quel funeste abandon je lègue à sa vieillesse !
Joël le pourra-t-il calmer dans ses douleurs ?
Que me disait Sobal ? Ah ! si j'en crois ses pleurs,
Tout l'amour de mon père est à moi sans réserve.
De hâter son trépas que le ciel me préserve !
Seigneur, éclairez-moi si je vais m'égarer...

SCÈNE VIII.

NATHALIE, SALMARIA.

NATHANIE.

L'aveugle! Dans ces lieux seul vous osez errer?
Vous n'avez pas d'ami, pas même un chien fidèle?

SALMARIA.

J'avais un fils...

NATHANIE.

Sa mort dut vous être cruelle?...

SALMARIA.

Il vit, mais loin de moi, sous des cieux étrangers;
Peut-être en ce moment court-il de grands dangers.
L'ingrat, quand il oublie et dédaigne son père,
Occupe seul encor mon âme tout entière.
Jeune homme! les enfants sont loin d'avoir nos cœur

NATHANIE.

Il viendra consoler de cuisantes douleurs.

SALMARIA.

C'est justice! jadis j'ai quitté ma patrie,

Laissant mon père en deuil et ma mère sans vie,
Dieu poursuit ses rigueurs jusque dans les enfants.
Fils ingrat, par mon fils aujourd'hui je ressens
Les chagrins dont j'ai pu troubler l'âme d'un père.

NATHANIE.

Vos regrets ont calmé la céleste colère;
Vieillard, de vos malheurs je déplore l'excès!

SALMARIA.

Évitez les remords qui les suivent de près.

NATHANIE.

A mon tour cependant, quittant cette demeure,
Je prétends m'éloigner.

SALMARIA.

Aujourd'hui?

NATHANIE.

Dans une heure.

SALMARIA.

Quel démon vous égare et trouble vos esprits?

NATHANIE.

Des savants voyageurs dévorant les écrits,
Il m'a semblé souvent que la voix qui m'appelle

7

Me dit qu'en d'autres lieux l'existence est plus belle,
Et les noms de Damar et de Salmaria
Enflamment mes désirs de savoir...

SALMARIA.

Jusque-là
Vous avez sans chagrins passé votre jeunesse ;
O mon fils (permettez ce titre à ma tendresse)
De l'hospitalité j'aurai payé le don,
Si d'une telle erreur vous demandez pardon...
Nul ne fut plus savant, même dans la Chaldée,
Que cet aventurier parti de la Judée,
Que ce Salmaria...

NATHANIE, vivement.

Fut-il connu de vous ?
Devant lui les savants ont ployé les genoux,
Oh ! combien je l'admire en ses œuvres sublimes !

SALMARIA.

Arrêtez ! car sa gloire est le fruit de ses crimes !
Ainsi, pour égaler cet homme dont le nom
A troublé dans les nuits votre faible raison
Vous irez, abdiquant les vertus de votre âge,
Dissiper votre bien, scinder votre héritage,
Abandonner un père, un patriarche, un roi

Dont les longues vertus ici sont une loi?

Vous iriez... Pauvre enfant nourri dans l'ignorance,

Vous voyez le bonheur au fond de la science,

Néant! Le cherchez-vous dans le sein du plaisir,

Fantôme! il fuit la main qui cherche à le saisir.

Ah! Seigneur, de ses yeux faites tomber ces voiles!

Quand vous auriez compté dans l'azur les étoiles,

Dans l'Océan les flots, les feuilles des forêts,

Quand pour vous l'univers n'aurait plus de secrets,

Vous crieriez, en tournant vos yeux remplis de larmes

Vers le toit paternel dont vous niez les charmes :

Qui me rendra, mon Dieu, tout ce que j'ai quitté?

Vanité! vanité! tout n'est que vanité!

NATHANIE.

Vieillard, vous n'êtes pas ce que vous semblez être,

Et nos sages en vous rencontreraient un maître.

Votre langage annonce un rang supérieur,

Nommez-vous... le premier je veux vous rendre honneur.

SALMARIA.

Dérision! voyez mon front nu, mes yeux caves,

Mon bras que le malheur lia de ses entraves,

Regardez ces haillons, et surtout, ô mon fils!

Le désespoir amer dont mes traits sont flétris;

Regardez bien cet homme, au fond de sa misère,

Cet homme qui fut grand, hélas ! et qui fut père.
Aujourd'hui sans enfant, sans asile, sans pain,
Il mourra de besoin à l'angle du chemin ;
Ses restes des corbeaux deviendront la pâture,
Ses os dessécheront privés de sépulture...
Cet homme, ce lépreux qui chez vous mendia...
Il fut...

NATHANIE.

Son nom, vieillard ?

SALMARIA.

Il fut Salmaria !

NATHANIE.

Salmaria !

SALMARIA.

Le crime est suivi de la honte !
Les folles passions sont comme un flot qui monte,
Monte, monte toujours jusqu'à nous étouffer...
Laissant le cœur en proie au tourment de l'enfer.
La satiété jette au fond de toute joie
Une goutte de fiel où le plaisir se noie.

NATHANIE.

Je fuirai, croyez-le, les traces des pervers.

SALMARIA.

Que veux-tu donc?

NATHANIE.

Savoir, parcourir l'univers.

SALMARIA.

Après ?

NATHANIE.

Je reviendrai dans les champs de Judée.

SALMARIA.

Et si par le remords ton âme est obsédée?
C'est une ombre farouche attachée à nos pas,
Elle me suit partout... Tiens, ne la vois-tu pas?
Nathanie, autrefois j'ai fait mourir mon père ;
Un fils ne viendra pas me fermer la paupière.

Après un moment d'hésitation, il s'écrie avec une exaltation prophétique :

Que veux-tu voir? Palmyre est tombée au désert;
Didon est sans vaisseaux ; aux bouts de l'univers
Elle n'exporte plus le fil de la Sérique,
Les tentures de Tyr, l'ambre de la Baltique,
Les tapis de Lydie et l'étain de Thulé;
Sous le pied du Seigneur son front s'est écroulé.
Où sont-ils tes remparts superbes, ô Ninive?

Babylone qui vit Jérusalem captive
Pleure à son tour ses murs par les ronces couverts.
Les temples de Balbek aux chacals sont ouverts ;
Et les chantiers d'Arad d'où s'élançaient les flottes
Sont veufs de matelots et privés de pilotes.
Mon fils, mon fils, en vain pour reposer vos yeux
Vous voulez découvrir d'autres bords, d'autres cieux.
Lorsque de la vertu les lois sont outragées,
Tôt ou tard par le ciel elles sont bien vengées.
Ne bravez pas de Dieu les ordres absolus.
De nos traditions méditez les vertus...
Quoi ! tandis qu'Israël reprend son ancien lustre,
Que Machabée a su rendre son nom illustre,
Qu'au nom de Jéhovah qui punit les tyrans,
Lévites et soldats se mettent sur les rangs
Pour chasser l'ennemi dont le bras nous opprime,
Vous iriez... Non ! j'en crois votre cœur magnanime,
Aux intérêts sacrés qui s'agitent ici,
Vous allez prendre part ; vous combattrez aussi !
Des paisibles vallons si l'aspect vous fatigue,
Vous saurez de nos camps partager la fatigue ;
Et par un but si haut excuser un départ
Qui met au désespoir un malheureux vieillard.

SCÈNE IX.

SALMARIA, NATHANIE, NADAÏ.

NATHANIE.

D'où viens-tu, Nadaï?

NADAÏ.

De la forêt prochaine
Où j'ai trouvé ce nid, à terre, au pied d'un chêne;
Le plus petit oiseau pour voler dans les bois
Avait tenté d'ouvrir son aile bien des fois;
Il partit... mais la force a trompé son attente,
Je l'ai relevé mort... La pauvre mère errante
Voletait de la branche au petit passereau...
On ne doit pas quitter si vite son berceau.
Ah! plus sûr est l'abri d'une sainte tutelle;
Les pères ont leur cœur et les oiseaux leur aile.

SALMARIA.

Dieu parle quelquefois par la voix des enfants.
Adieu!

NADAÏ.

Puis-je, vieillard, guider vos pas errants?

SALMARIA.

Conduis-moi dans les bois; l'air manque à ma poitrine,
J'ai jeté dans ton cœur l'étincelle divine,
Nathanie, ô mon fils, je te laisse avec Dieu.

NADAÏ.

Prenez mon bras, marchons.

NATHANIE.

Vous reverrai-je?

SALMARIA.

Adieu!

SCÈNE X.

NATHANIE.

Me serais-je trompé? Salmaria, ce sage
Proscrit, pauvre, souffrant, tiendrait un tel langage,
A d'éternels regrets si j'allais me vouer?
Je reste.

SCÈNE XI.

SOBAL, NATHANIE.

SOBAL.

Il n'est pas temps, seigneur, de reculer?
Vous pouvez rendre grâce à l'ardeur de mon zèle,

Vos trésors sont portés dans les chars qu'on attèle,
Un instant va changer en joie un désespoir.
Esclave ce matin, soyez libre ce soir !

NATHANIE.

J'hésite...

SOBAL.

De Joël la contrainte est visible,
Il feint à ce départ de paraître sensible ;
Mais avec un vieillard, faux aveugle, je crois,
Il a parlé longtemps, dans l'ombre, à demi voix.
Il s'agissait entre eux de retarder encore
Le partage des biens qu'en secret il déplore.
Vous ici, dans ses mains passent les revenus ;
Vous au loin la moitié ne lui suffira plus.
Enfin, de ce complot j'ai dénoué la trame ;
Je viens vous rassurer et raffermir votre âme.
Tout est prêt ; votre père est presque résigné,
Et de ce lieu sans doute il n'est pas éloigné.
Avant que des adieux les larmes soient versées
Je veux par vos trésors égayer vos pensées ;
Venez, nous reviendrons pour le dernier moment.

(Sobal entraine Nathanie.)

7.

SCÈNE XII.

JOEL, LE PÈRE DE FAMILLE.

JOEL.

O mon père! calmez votre cruel tourment.

LE PÈRE.

Joël, demeure ici que je lui parle encore.
Il n'est plus là... Mon Dieu, mon Dieu, je vous implore,
Tant de douleur accable un cœur trop éprouvé...
Pour quels coups douloureux m'avez-vous réservé !

     Seigneur, écoutez ma prière,
     Et prêtez l'oreille à mes cris ;
     Seigneur, ayez pitié d'un père
     Qui vient vous priez pour son fils !

Affermissez mon cœur, car ma force chancelle,
Si vous m'avez toujours exaucé dans mes vœux,
Mon Dieu, touchez le cœur de mon enfant rebelle
Qui me voyant pleurer n'a pas baissé les yeux.

Ceux qui mettent en vous toute leur espérance
Seraient-ils confondus à jamais, ô mon Dieu !

Couvrez-moi de votre ombre et de votre prudence;
L'ennemi m'investit d'un tourbillon de feu.

Il va fondre sur moi, moi vieillard sans défense,
Ses traits m'ont déchiré... j'épuise son courroux;
Pour me défendre au sein d'une amère souffrance,
Seigneur, dieu d'Israël, levez-vous! levez-vous!

> Seigneur, écoutez ma prière,
> Et prêtez l'oreille à mes cris...
> Seigneur, ayez pitié d'un père
> Qui vient vous prier pour son fils!

JOEL.

Nathanie, à l'instant devant vous va paraître.

LE PÈRE.

De mon émotion, Joël, je serai maître.
Le voici! bats moins vite, ô cœur infortuné!

SCÈNE XIII.

LE PÈRE DE FAMILLE, NATHANIE, JOEL.

LE PÈRE.

Dois-je bénir le jour où mon fils m'était né?
Quels que soient vos desseins, expliquez-vous sans crainte.

NATHANIE.

Je révère toujours votre autorité sainte ;
Mais je pars...

JOEL.

Nathanie !

NATHANIE.

Eh ! que regrettez-vous ?

JOEL.

Un frère !

NATHANIE.

Non, les biens qu'on partage entre nous.

LE PÈRE.

Avant que pour jamais tu franchisses ma porte,
Avant que de ces lieux un fils ingrat ne sorte,
Écoute de ton Dieu, pour la dernière fois
Les grands commandements qui tonnent par ma voix
Je n'ai pu te fléchir, la céleste colère
Écrasera ton front...

JOEL.

Arrêtez, ô mon père !

LE PÈRE.

Quand du haut du Sina tout sillonné de feux
Les tables de la loi descendirent des Cieux,
Israël gémissant, et le front dans la poudre,
Écoutait Jéhovah au milieu de la foudre :
« Moi, le Seigneur ton Dieu, j'ai voulu t'arracher
« Des champs de servitude, et je l'ai fait marcher
« A travers le désert, guidé par mes paroles :
« Tu ne tailleras point de menteuses idoles,
« Tu n'adoreras point un autre Dieu que moi ;
« Seul, je suis ton Seigneur, ton protecteur, ton roi !
« Seul, je suis le Dieu fort au nom duquel tout tremble,
« Le Dieu compatissant et juste tout ensemble ;
« — Des pères punissant les coupables erreurs,
« Dans les fils de leurs fils je poursuis les rigueurs.
« — Je fais miséricorde aux cœurs simples qui m'aiment,
« — Je punirai de mort les méchants qui blasphèment ;
« — Quand un travail pénible aura rempli six jours,
« Observez le sabat, au ciel ayez recours.
« — Tu ne voleras point. — Malheur à l'homicide !
« — Du bien de ton prochain ne sois jamais avide ;
« — Afin que le Seigneur t'accorde de longs jours,
« Qu'en toi ton père trouve un filial secours... »

JOEL.

Nathanie!

LE PÈRE.

Il se tait!

NATHANIE.

Bénissez-moi, mon père!

JOEL.

Eh quoi! tu n'auras pas un seul mot pour ton frère?

NATHANIE.

Vous étalez trop bien vos regrets à mes yeux
Pour m'abuser longtemps; adieu, soyez heureux
Et ne me pleurez pas...

LE PÈRE.

Aveuglement funeste!

(Nathanie sans parler s'agenouille, regarde son père, semble indécis à la
vue de son désespoir, puis se lève vivement et sort sans détourner la tête.)

Arrête... ingrat! je meurs!

JOEL.

Mon père, je vous reste.

FIN DU PREMIER ACTE.

ACTE II.

SCÈNE Iʳᵉ.

Une salle de festin richement décorée. Vases de parfums, candelabres, fleurs, statues. Les convives sont couchés sur des lits ; des esclaves passent dans le fond de la scène. Portes et tentures au fond et sur la droite.

NATHANIE, ZORACH, CLÉON, SAMARIS, ZAMRI, CASSIUS, SOBAL , Esclaves.

NATHANIE, d'une voix lente.

Je suis heureux ! je puis, sous les verts sycomores,
Dormir le soir au bruit des cascades sonores ;
Dans les raffinements du luxe oriental,
Au sein d'un pavillon de cèdre et de sental,
Où l'iris, le cimame et les fleurs d'Idumée
Répandent à l'envi leur senteur embaumée ;
Je vois de gais amis près de moi se presser ;
Nul pouvoir à mes vœux ne se peut opposer.
Dans ce divan royal, le vent frais de l'Asie
Pénètre en agitant la verte jalousie,
Et le chant cadencé des almés de l'Iman
Nous arrive adouci par son éloignement.

(Musique lointaine en sourdine.)

A un esclave.   .

Naëldi, jette encor dans le feu qui pétille
Du sérail de Stamboul l'odorante pastille.
Apporte pour ma lèvre un tube de jasmin,
L'opium brûlé procure un repos souverain.
Esclaves, loin d'ici portez ces coupes vides !
Je redoute un convive à ces fêtes splendides ;
Il oppose un front morne et couvert de pavots
A nos fronts égayés par de joyeux propos :
Chassons, chassons l'ennui ! Les coupes épuisées,
Ranimons par le jeu l'ardeur de nos pensées.
Le jeu qui, d'un seul coup double et triple un trésor,
Ou fait un mendiant d'un riche gonflé d'or.
Des dés ! Qui veut risquer contre moi sa fortune ?

SAMARIS.

De mes vignes d'Aram il ne m'en reste qu'une.

NATHANIE.

Si tu veux l'échanger contre mon collier d'or ?

SAMARIS.

J'accepte.

NATHANIE, jouant.

Trois.

SAMARIS.

Six.

NATHANIE.

Neuf, gagné !

SAMARIS.

Jouons encor.

NATHANIE.

Non, la chance est pour moi.

SAMARIS.

La fortune est fantasque.
Le calme sur les flots présage une bourrasque,
Tu dois craindre aujourd'hui, Nathanie...

NATHANIE, reprenant sa pose indolente.

Eh ! pourquoi ?
N'ai-je pas assez d'or pour en prêter au roi ?
Dans les coffres de fer où je puise à toute heure,
Malgré moi la fortune incessamment demeure.
Tout prévient mes désirs... j'ai de nombreux amis,
Un brillant avenir à mes vœux est promis ;
Vous m'avez accueilli comme on reçoit un frère.
J'aime moins mon pays que la terre étrangère !
Le plaisir inconnu jusqu'alors à mes jours

De mes heureux instants précipite le cours ;
J'ai des palais de marbre et des bains de porphyre,
Partout j'entends chanter, je vois partout sourire...
Et le miel de l'Hymète et les vins parfumés
Donnent à mes festins leurs tributs estimés.
Vous m'avez enseigné des sciences nouvelles,
Vous avez adouci mes paroles rebelles,
Et d'un sauvage enfant du Jourdain et d'Hébron,
Vous avez fait un homme émule de Memnon.

CLÉON.

Ton langage séduit par sa douce éloquence.

SAMARIS.

Un vieux mage est jaloux de sa haute science !

NATHANIE.

Que je suis différent du jour de mon départ !
Salmaria ;... c'était un austère vieillard,
Aveugle comme Homère et comme lui poëte,
Sachant mêler la lyre aux accents du prophète ;
Salmaria, mettant une digue à mes vœux,
Tenta de détourner mes plans aventureux ;
De ses propres malheurs effrayant ma pensée,
Il laissait dans mon âme une crainte insensée,
Et subjugué par lui, j'aurais non sans regrets
Brisé l'illusion de mes hardis projets,

Quand Sobal, seul ami que j'eusse sur la terre,
D'un complot découvrit le but et le mystère ;
Et me montrant l'abus qu'on fait de la candeur,
Il me rendit ma force et ma noble vigueur.
Sobal, je me souviens toujours de ce service,
Et ma reconnaissance est seulement justice.
A toi ce beau collier et mon nouveau palais !

(Il donne son collier à Sobal.)

SAMARIS.

Tu ne veux plus jouer ?

NATHANIE.

C'est vrai, je l'oubliais.

SAMARIS.

La chance va tourner, hôte trop magnanime.

NATHANIE.

Elle peut une fois me prendre pour victime;
Je sais perdre en riant et gagner sans plaisir,
A votre tour, Cléon : c'est à vous de choisir.
Nous mettons cent talents.

ZORACH, à Cassius.

C'est une forte somme,
Digne d'un jeune fou qui s'en vient droit de Rome.

NATHANIE.

Cinq.

CLÉON.

Sept.

NATHANIE.

Perdu. Doublons: deux cents talents. Voilà.

CLÉON.

Dix.

NATHANIE, après avoir joué.

C'est du bonheur. Je perds...

ZORACH.

Bah ! qu'est-ce que cela ?

CLÉON.

Votre palais de marbre au pied de la montagne
Contre les oliviers de ma riche campagne.

NATHANIE.

A vous.

CLÉON.

Onze, gagné.

NATHANIE.

Pas encore, attendons.

CLÉON.

Le palais est à moi.

NATHANIE, avec insouciance.

Mes amis, nous perdons...

CLÉON.

Vos bois pour mes chevaux.

NATHANIE, s'animant.

Convenu, jetez vite.

ZORACH, à Samaris.

Oh ! le démon du jeu le tourmente et l'agite.

NATHANIE, brusquement.

Du vin de Crète, esclave.

ZORACH.

Il est troublé, voyez,
Des gouttes de sueur couvrent son front.

NATHANIE, à l'esclave en lui tendant sa coupe.

Versez.

Mon coffre de Sétim rempli de pierreries,
Cléon ; j'y joins encor mes cavales chéries,
Rapides comme l'air, noires comme la nuit,
Et les trois Africains dont la main les conduit.

CLÉON.

A moi les diamants, les cavales d'Élide
Et leur char, et la main savante qui les guide.

NATHANIE.

C'est ce que nous verrons. Je prétends cette fois
Regagner mes trésors.

CLÉON.

Cinq, à votre tour.

NATHANIE.

Trois.
Amis, le sort s'acharne en vain à me poursuivre,
Luttons jusqu'à la fin.

ZORACH, bas.

Le désespoir l'enivre.

A Cléon.

Cessez le jeu.

CLÉON, à Nathanie.

Demain nous reprendrons les dés.

NATHANIE, avec hauteur.

Quels délais complaisants vous ai-je demandés?
Du vin, encor du vin! Mes vignes, mes esclaves,
Mes palais!

CLÉON.

A quoi bon.

SAMARIS.

Le destin que tu braves
Dans ses mains les ferait passer en un instant.
La fortune est traîtresse.

NATHANIE.

Et si je suis content
D'éprouver son caprice ? A mes ordres rendue
Elle restituera ma richesse perdue.

SAMARIS, les regardant jouer.

Vois...

NATHANIE.

Toujours! quoi, toujours!

ZORACH.

Quittez les dés.

NATHANIE, avec colère.

Pourquoi?
Non ! des dés et du vin ! Si j'aime à perdre, moi !
Encore un coup, et puis ma ruine est complète.

SAMARIS.

Quel triste lendemain pour une nuit de fête !

A part.

Décidément, il perd...

NATHANIE, froidement.

Le sort est un bourreau !
Que jouer? je n'ai rien ! rien ! Si, j'ai mon manteau.
Cléon, l'acceptez-vous ?

CLÉON.

Oui, je me sens en veine.

NATHANIE.

Et contre lui, vos bois, vos vignes, votre plaine;
Si j'allais... Mon front brûle... Oh! comme mon cœur bat,
C'est un dernier effort contre le sort ingrat !
Regardez mes amis : dix !

CLÉON.

Cinq.

NATHANIE.

Deux.

CLÉON.

Trois.

NATHANIE, accablé.

Fortune!
Voilà bien de tes coups.

SAMARIS.

Notre aspect l'importune.
Retirons-nous sans bruit.

NATHANIE.

Cassius, Zorach, Cléon,
Vous partez? Ma revanche !

SAMARIS.

Et que jouerais-tu donc?

NATHANIE.

Si mes biens sont perdus, l'honneur au moins me reste.

CLÉON, riant.

Son honneur ! mes amis, Nathanie est modeste !
Sur un semblable fonds qui voudrait lui prêter?

NATHANIE, avec amertume.

Oui, vous avez raison ! et je dois m'arrêter...
Sa perte précéda celle de mes richesses !
Il est mort étouffé dans de fausses ivresses !
Mon honneur, ma vertu, fantômes que cela...
Qui m'eût dit qu'on pouvait descendre jusque-là ?
Vous, Zorach, toi, Cassius, qui, ce matin encore,
M'offrîtes l'amitié que maintenant j'implore ;
Quand le malheur me frappe, ouvrez-moi votre main.
Votre cœur est ce soir bordé d'un triple airain !
Cléon, mille talents me tireraient d'affaire.
Ils te sont superflus, et tu n'en sais que faire ?

8

CLÉON.

Ce serait volontiers si je ne devais pas
Solder à Saverdis ses splendides repas.

NATHANIE.

Et toi, Zorach?

ZORACH.

Ah! moi, j'ai pour deux perles blondes
Qu'un plongeur découvrit sous les vagues profondes,
Signé ce papyrus. Ces perles sur ma foi
Orneront un bandeau que m'enviera le roi!
Si bien que, dans ma bourse, aujourd'hui que je meure
Si le moindre denier en cet instant demeure.

NATHANIE, avec ironie.

Fort bien! de ces raisons je connais la valeur.
Sobal me restera fidèle en mon malheur:
Sobal, mon seul ami!

CLÉON.

Sa fuite le dispense
De dire là-dessus ce que je crois qu'il pense.

NATHANIE.

Ainsi, rien! vous avez partagé mes loisirs,
Mes trésors ont payé vos festins, vos plaisirs,

Et nul ne s'en souvient, ô magnanimes hôtes !
Vous êtes cependant complices de mes fautes.
Si je me suis ruiné, nobles amis, c'est vous
Qui m'avez enseigné le vice, oui, vous tous
Qui riez d'un malheur dont je suis la victime...
Je vous verrai rouler au fond du même abîme.
Adieu ! je vous maudis ! je vous hais ! et je veux
Plus que moi, maintenant vous revoir malheureux !
Cléon, de ce palais soyez le nouveau maître !
Je vous quitte...

CLÉON.

Où vas-tu ?

NATHANIE.

Vers le fleuve, peut-être !

SAMARIS.

Du Chypre la fumée a troublé ton cerveau !

NATHANIE.

A qui n'a plus d'asile, il reste le tombeau...
Mon père l'avait dit ! j'entends son anathème !
C'est justice ! c'est bien ! ô Dieu que je blasphème,
Par sa bouche jadis ton arrêt fut dicté,
Ce qui m'arrive ici je l'ai bien mérité,
J'ai roulé dans la fange et dans l'ignominie.
Soyez, soyez maudits comme moi !

CLÉON.

Nathanie,

L'excès de ton malheur est fait pour me toucher :
Reste, reste avec moi !... j'ai besoin d'un porcher !

DEUXIÈME TABLEAU.

Un champs stérile ; Nathanie épuisé est couché au pied d'un chène ; il sort lentement d'un sommeil paisible.

SCÈNE I.

NATHANIE.

La faim ! l'horrible faim hurle dans mes entrailles,
Elle me tord le cœur ainsi que des tenailles...
Les champs n'ont plus de blé, la famine est partout.
Le peuple décimé de courage est à bout ;
Et moi, plus misérable et plus abject encore,
Je gagne dans les fers un pain qui déshonore !
Esclave... moi, sentir à mon cou, sur mes bras,
Ce joug qui m'humilie et qui retient mes pas !
Où donc est ton orgueil, fils indigne et prodigue ?
A tes débordements tu n'as pas mis de digue,
Dieu ne doit pas en mettre au poids de ton malheur,
Sur ton front criminel s'épuise sa fureur...
J'ai faim ! Depuis deux jours privé de nourriture
Je voudrais de mes mains creuser ma sépulture,

M'affranchir des douleurs qui m'accablent depuis
Que j'ai quitté mon père et bravé ses avis...
Ah! l'ignoble troupeau qu'en ces lieux je fais paître
Trouve des glands, du moins... Le jour va disparaître,
La nuit m'apportera des supplices nouveaux.
Des fantômes sortis de l'ombre des tombeaux
M'appelant par mon nom, insultant ma misère,
Me traîneront encore aux genoux de mon père...
Et j'entendrai leur voix me dire : Mauvais fils !
En vain je me débats, je pousse de longs cris,
De mes crimes passés le nombre m'épouvante !
La lumière à mes yeux est livide et sanglante ;
Mes remords sont plus lourds que ces carcans, ces fers!
J'ai dégradé mon âme au milieu des pervers.
Riche, j'ai prodigué dans des jours de folie
Les biens que je tenais de l'auteur de ma vie.
Misérable aujourd'hui, j'ai soif, j'ai faim, j'ai froid!
Plus de foyer pour moi, plus d'amis, plus de toit !
Les loups ont leur tanière, asile du carnage,
L'aigle place son nid sur un rocher sauvage,
Et moi, rien ! Assailli par mes anciens forfaits,
Je maudis du Seigneur les précoces bienfaits !
Honteux de mes péchés, irrité de mes chutes,
Oui, j'ai trop mérité que tu me persécutes,
Dieu, qui m'anéantis sous ton courroux vengeur,

8.

Je te confesse enfin, du sein de ma douleur...
Quel que soit mon passé, tu ne veux pas ma perte !
La planche du naufrage au pêcheur est offerte...
Et si je t'offensai, mon Dieu, tu vois mon cœur,
Tu connais mes regrets, tu sondes ma douleur...
Me laisseras-tu donc en proie à cette angoisse ?
N'est-il pas temps enfin que ta fureur décroisse ?
Comblé de tes bontés sous le toit paternel,
Crierai-je en vain ton nom, Seigneur, Dieu d'Israël ?
Dans la confusion qui naît de ma misère,
Je me couvre le front de cendre, de poussière,
A tes pieds prosterné, du sein de mon néant,
Daigne te souvenir que je suis ton enfant !
Que mes mains à l'autel portèrent des offrandes ;
Que des pauvres toujours j'exauçai les demandes..
Tu m'as broyé, Seigneur, sous ta verge de fer !
Et tu m'as écrasé sous tes pieds comme un ver.
Dans l'indignation que te causent mes crimes,
Tu m'as précipité d'abîmes en abîmes.
Ah ! ne me juge pas avec sévérité !
Fais taire en ma faveur ta suprême équité.
Mon âme est ébranlée et ma force abattue...
La douleur m'a brisé, le repentir me tue.
Ah ! revenez vers moi, délivrez-moi, Seigneur!
Entendez les sanglots qu'exhale ma douleur.

Mes yeux sont obcurcis et voilés par les larmes ;
Les songes de mes nuits augmentent les alarmes...
Jusques à quand, Seigneur, m'oublierez-vous ainsi ?
Crierai-je en vain vers vous sans obtenir merci ?
Mon ennemi triomphe, et, voyant ma misère,
Il compare mon sort à son destin prospère.
Si je meurs, il dira : L'impie a prévalu !
Mes maux viennent de moi ! c'est moi qui l'ai voulu !
Je reconnais l'excès d'une lâche faiblesse !
Rien ne peut m'excuser, l'ardeur de la jeunesse,
Ni les mauvais conseils ! j'ai péché ! j'ai péché !
De mes tardifs regrets, mon Dieu, soyez touché ;
Et je retournerai sous le toit de mes pères,
Et je raconterai vos bontés à mes frères,
Ma langue publiera votre langage ! Alors
Je sortirai vivant du sépulcre des morts !

SCÈNE II.

NATHANIE, CLÉON, SAMARIS, ZORACH, CASSIUS.

CLÉON.

Nathanie à genoux ! ô merveille inouïe !
Que de ton repentir mon âme est réjouie !
Tu reviens à ton Dieu, fils soumis et croyant,
On me l'avait bien dit ! Je pleure en te voyant !

Riez donc, mes amis, c'est de rire qu'on pleure.
Quel misérable champ ! Où fais-tu ta demeure ?

NATHANIE.

Sur le sol desséché par les feux du soleil ;
Et jamais de mes yeux n'approche le sommeil.

SAMARIS.

Ces fétides haillons composent ta parure ?

NATHANIE.

Oui, ces haillons !

CLÉON.

De quoi fais-tu ta nourriture ?

NATHANIE.

Du reste des pourceaux que je garde pour toi.

CLÉON.

Où donc est ton orgueil et ton faste de roi ?

NATHANIE.

Avec mes jours perdus, avec mon innocence ;
Avec ce que j'étais dans mon adolescence !
Rêves de paix, d'amour, de bonheur et d'espoir,
Aurore d'un beau jour éteinte avant le soir.

ZORACH.

Il me divertit fort, Cléon, dans sa folie.

CLÉON.

Et que souhaites-tu, maintenant, Nathanie?

NATHANIE.

D'être débarrassé d'hommes ingrats et vils
Qui m'ont entrelacé dans leurs piéges subtils,
De rester seul, plongé dans ma tristesse amère.

SAMARIS.

Il m'afflige...

NATHANIE.

Jeune homme, avez-vous une mère?

SAMARIS.

Le ciel me la conserve !

NATHANIE.

Allez vers elle, alors !
Et versez dans son sein vos fautes, vos remords..
Votre pitié me prouve un cœur bon et sincère,
Écoutez mes avis, allez vers votre mère !
Pour avoir méprisé les avis paternels,
Abandonné mon peuple et quitté ses autels,

Pour avoir bu la coupe où s'abreuve l'impie,
Voyez dans quel état est tombé Nathanie...
Quelle leçon vivante est offerte à vos yeux !
Avec vous j'ai chanté le plaisir, les faux dieux,
J'ai raillé la vertu, conspué l'innocence,
Par des crimes partout j'annonçais ma présence ;
L'or payait mes forfaits et les cachait au jour.
J'ai fréquenté les grands et j'eus aussi ma cour.
Près d'un faible monarque introduit à toute heure,
J'éloignais l'orphelin et la veuve qui pleure,
De peur de fatiguer dans l'ennui du conseil
Un roi que j'entourais d'un joyeux appareil
De fêtes, de banquets et de coupables joies.
Voilà, voilà le but où conduisent ces voies !
La misère, la faim, l'esclavage, la mort...
Que Dieu vous garde, hélas ! d'avoir un pareil sort.

CLÉON.

Demain dans un festin nous ferons grande chère,
Je verrai, pour servir, le peu que tu sais faire,
Ton troupeau, Nathanie, est-il nombreux et gras ?

NATHANIE.

A l'angle du chemin où vous tournez vos pas
Vous le verrez. Je suis trop faible pour vous suivre.

CLÉON, le frappant.

Tiens, honnête porcher.

ZORACH.

Il ne pourra survivre.

(Ils s'éloignent.)

NATHANIE, seul.

Est-ce assez de douleur, de honte, de mépris ?
Désormais plus de pleurs, de retards et de cris,
N'attendons que du ciel le secours que j'espère.
Combien de serviteurs sous le toit de mon père
Vivent dans l'abondance, et moi je meurs de faim...
J'ai perdu tous mes droits à mon heureux destin ;
Mais je peux le servir ainsi qu'un mercenaire.
Oui, je me lèverai, j'irai trouver mon père !
Soutenez-moi, Seigneur, dans ce dernier effort !
Qu'un regard adoucisse ou ma vie ou ma mort.
Que le tombeau des saints où je n'osais prétendre
Reçoive par pitié cette coupable cendre ;
Que mon père de pleurs lave mes traits souillés,
Et j'obtiens mon pardon ou je meurs à ses pieds.

FIN DU DEUXIÈME ACTE.

ACTE III.

SCÈNE Iʳᵉ.

Même décoration qu'au premier acte.

LE PÈRE DE FAMILLE, un Esclave.

L'ESCLAVE.

Tous les blés sont rentrés, maître.

LE PÈRE.

Cela suffit.

L'ESCLAVE.

Quels ordres donnez-vous ?

LE PÈRE.

Aucun.

L'ESCLAVE.

Vous avez dit
D'augmenter de moitié sur les moissons la dîme
Des pauvres sans travail que la misère opprime.

LE PÈRE, à part.

Oui. Peut-être mon fils souffre et gémit comme eux.

Haut.

Vous préviendrez Joël, je l'attends en ces lieux.

SCÈNE II.

LE PÈRE.

Trois ans se sont passés, mon Dieu, dans ces alarmes,
N'ont-ils pas mérité que vous séchiez mes larmes ?
En vain, de tous les dons votre main m'a comblé,
Qui pleure son enfant n'est jamais consolé......
C'était à pareil jour : de nos riches javelles
On avait recueilli les gerbes les plus belles ;
J'étais heureux ! partout retentissaient les chants
Des joyeux moissonneurs qui revenaient des champs ;
Des projets les plus doux j'achevais l'édifice....
De mon bonheur présent tout devenait complice ;
Nathanie était bon, mais il fut entraîné....
Un seul mot, un soupir, et j'aurais pardonné.....
Rien ! Sobal le perdit ; coupable par faiblesse,
Il me vit, moi, tremblant, succombant de tristesse,
Le prier à genoux de rester quelques jours
Jusqu'à ce que la mort m'endormît pour toujours...
Il partit !... Fils ingrat ! malheureux Nathanie !
En quels lieux traîne-t-il ses regrets et sa vie ?
Un cœur comme le sien doit être déchiré....
Ah ! sur les tristes bords, où ses pas ont erré,
Peut-être il a trouvé la pente d'un abîme ;
Il peut avoir mis fin à ses jours par un crime ?

Éloigne ce malheur, le plus affreux de tous,
O Dieu, dont nos douleurs apaisent le courroux !
S'il goûte loin de moi le bonheur qui l'abuse,
Son ardeur le défend, et son âge l'excuse ;
S'il fait un rêve heureux, qu'il ne s'éveille pas...
S'il souffre, jetez-le tout meurtri dans mes bras !
Oh ! quel que soit son sort, fortuné, misérable,
Je le regrette trop pour le trouver coupable !

SCÈNE III.

LE PÈRE DE FAMILLE, JOEL.

JOEL.

A votre volonté vous me voyez soumis.

LE PÈRE.

Où sont les vingt talents que je vous ai remis ?

JOEL.

Dans votre épargne.

LE PÈRE.

                    Allez dans les pauvres chaumières
Et distribuez-les à nos malheureux frères.

JOEL.

Cette somme est énorme.

LE PÈRE.

Elle est au pauvre ! à moi !
La loi du patriarche est la suprême loi.
Allez, Joël ; ensuite une blanche génisse
Sera sur nos autels offerte en sacrifice.

JOEL.

J'ai par votre ordre, hier, immolé deux béliers ;
Les troupeaux décimés manquent aux chevriers ;
Dans le temple déjà, vos victimes pressées
Rachètent au Seigneur nos offenses passées,
Et je crois....

LE PÈRE.

Vous savez le nombre des taureaux
Qu'on ravit pour l'autel à nos riches troupeaux ;
Envers le Dieu des Juifs vous osez être avare !
Mon fils, l'amour du gain vous trouble et vous égare !
Depuis quand sous ce toit a-t-on jamais compté
Le chiffre de l'aumône aux malheureux porté ?
Quel enfant a jamais osé dire à son père :
Trop de sang a coulé pour le Dieu qu'on révère ?
Joël ! Joël, mon cœur est affligé de voir
Que la vertu, pour vous, n'est rien qu'un strict devoir.
Si vous obéissez par respect et par crainte,
Vous n'avez pas l'élan de la charité sainte !

Et votre amour pour Dieu se borne à suivre, hélas !
Des préceptes divins que vous n'adorez pas.

JOEL.

Ces reproches......

LE PÈRE.

Allez !

SCÈNE IV.

LE PÈRE DE FAMILLE.

L'enfant qui m'abandonne
N'eût pas fermé mes mains ouvertes pour l'aumône !
Joël a des vertus, mais l'autre était meilleur....
S'il avait des défauts, il montrait un grand cœur !
Près de ses qualités, je redoutais le vice,
Mais jamais il n'eût eu le plus vil : l'avarice !
Seigneur, prenez pitié d'un père et de ses fils !
J'aimais trop Nathanie et vous me l'avez pris.
Au moins, pour attirer, sur lui miséricorde,
Agréez tous les dons qu'aux malheureux j'accorde...
Je les fais en son nom, pour qu'on puisse bénir
Celui qu'en ma faveur il ne faut point punir !
O mon fils ! où vis-tu ? Doute amer qui m'accable !
Peut-être que proscrit, indigent, misérable,

Il pleure de ses jours le triste égarement ;
Moi je pleure sur lui, Seigneur, en ce moment...
Et je vais chaque jour, du haut de la montagne
Chercher si mes regards au sein de la campagne
L'apercevront venir plein de regret vers moi...
Salmaria !

SCÈNE V.

LE PÈRE DE FAMILLE, SALMARIA, appuyé sur l'épaule
de NADAÏ.

LE PÈRE.

Vieillard, j'avais besoin de toi !
Nos malheurs sont égaux, ils doivent se confondre ;
Si je pleure, tes pleurs vont aussi me répondre ;
Nous sommes vieux.... bientôt la mort nous atteindra.
Et nos fils ....

SALMARIA.

Nathanie en ces lieux reviendra....
Vous fûtes d'Israël et l'amour et l'exemple.
De bienfaits prodigués votre moisson est ample ;
Vous verrez votre fils, et vous pourrez encor,
Grâces à ce retour, jouir d'un heureux sort.
Mais moi ! vieux, vagabond, errant de plage en plage,
Privé de la lumière et devenu sauvage ;

Aigri par le malheur, désormais sans espoir,
Puni d'avoir brisé les liens du devoir,
Jamais, jamais, d'un fils la voix aimable, douce
Ne me reposera d'une longue secousse !
Et pourtant que de jours passés à déplorer
Cet horrible abandon !...

LE PÈRE.

Pourquoi désespérer ?

SALMARIA.

De mes jours, désormais, toute séve est tarie !
Je suis un criminel et mon âme est flétrie.
Sous la main du Seigneur en vain je me débats,
La mort, le désespoir, m'étreignent dans leurs bras...
Mon père m'apparaît sombre, irrité, farouche ;
Des malédictions s'échappent de sa bouche ;
D'un doigt me désignant le vorace corbeau,
Il dit : Voilà celui qui creuse ton tombeau !
Je suis maudit ! Pour toi, vieillard pieux et sage,
Dieu récompensera tes vertus, ton courage.
Il le doit, c'est justice !... O mon Père ! ô mon Dieu !
Le remords qui me brûle est un charbon de feu.
Mon fils, mon fils, reviens ! dusses-tu me maudire !

NADAÏ.

Le voilà qui retombe en son affreux délire !

SALMARIA.

Mon fils, mon beau Sidroc !

NADAÏ.

Calmez-vous....

SALMARIA.

Nadaï,
Pourquoi de mes malheurs vous montrer attendri ?
Jeune guide que Dieu me prête en ma misère,
Quels échos ont en vous les alarmes d'un père ?

NADAÏ.

Puis-je vous soulager ?

SALMARIA.

Oui, chantez ! votre voix
De mes affreux tourments sait alléger le poids...
Vous êtes pur et bon ; et sur votre visage
De votre âme ingénue on découvre l'image.

LE PÈRE.

Nadaï, par quels chants s'apaise sa douleur ?

NADAÏ.

Par les cantiques saints consacrés au Seigneur.

LE PÈRE.

Adieu, Salmaria... que son accent suave
Éclaircisse le front où la douleur se grave!
Je vais... qu'est-il besoin de le dire, ô mon Dieu!
Je vais sur le chemin où je lui dis adieu...

SCÈNE VI.

SALMARIA, NADAÏ.

Nadaï chante un cantique en s'accompagnant de la harpe.

SALMARIA, à part.

Ces paroles, cet air... cet accent... est-ce un songe?
En quelle anxiété ce jeune enfant me plonge...
Dites-moi, Nadaï, qui vous apprit ces chants?

NADAÏ.

Mon père.

SALMARIA.

Votre père?

NADAÏ.

Il y a bien longtemps!

SALMARIA.

Est-il mort?

NADAÏ.

Non, il vit

SALMARIA.

Mais il vous abandonne ?

NADAÏ.

De son amour pour moi quelle preuve il me donne !
S'il me quitte et consent à me voir loin de lui,
C'est que de son enfant il réclame l'appui.

SALMARIA.

Que pouvez-vous ?

NADAÏ.

Offrir l'encens de ma prière...
Que Dieu nous rende enfin le père de mon père,
Et nous serons heureux !

SALMARIA.

Vous a-t-il dit pourquoi
Son père ne veut point demeurer sous son toit ?

NADAÏ.

Il me dit chaque jour : Fils, honore ton père
Afin de vivre heureux et longtemps sur la terre.

9.

SALMARIA.

Il est jeune ?

NADAÏ.

On le croit, mais le chagrin vieillit.
Ma mère est morte... ici, quand on vous accueillit,
Mon père en soupirant me dit : Pour la campagne,
Salmaria l'aveugle a quitté la montagne,
Quand tu le trouveras, offre-lui ton soutien ;
Il est bien malheureux ! il n'a pas même un chien !
Et depuis ce moment je vous suivis ; peut-être,
Vous l'avez deviné, noble vieillard, mon maître !
Je vous aime.... et voudrais vous forcer d'oublier....

SALMARIA.

Tais-toi ! quels souvenirs tu viens de réveiller....

NADAÏ.

J'obéis à regret.

SALMARIA.

Parle encor de ton père....

NADAÏ.

Il doit avoir souffert une douleur amère,
Car souvent dans la nuit il pousse des sanglots.
Quand pour le consoler je lui dis quelques mots

Il m'interrompt soudain : J'ai laissé la vieillesse
En proie à la douleur, peut-être à la détresse ;
Je suis proscrit, maudit, maudit, comme Caïn !
Alors, voulant porter ma part de son chagrin
A genoux devant lui tout bas je prie et pleure...
Je vous nomme....

SALMARIA.

Son nom ?

NADAÏ.

Sidroc.

SALMARIA.

Ah ! que je meure
Après avoir pressé mon enfant dans mes bras !
Nadaï, viens, suis-moi !

NADAÏ.

Que je guide vos pas,
Dans quel lieu ?

SALMARIA.

Vers Sidroc !

NADAÏ.

O Dieu, je vous rends grâces :
Vous êtes mon aïeul !

SALMARIA.

Enfant, que je t'embrasse !
D'un père infortuné les instants sont comptés.

NADAÏ.

Qu'il expire en vos bras !

(Ils sortent.)

SCÈNE VII.

NATHANIE, un Esclave.

L'ESCLAVE.

Asseyez-vous, restez ;
Le maître de ces lieux est absent, et j'ignore
L'heure de son retour.

NATHANIE.

Je puis attendre encore...

SCÈNE VIII.

NATHANIE.

Sous le toit paternel me voilà de retour....
Merci, mon Dieu, d'avoir gardé pour moi ce jour.
Je mourrai satisfait ! O bonheur de l'enfance !
Charme du souvenir ! après trois ans d'absence,
Trois siècles de douleurs, de fautes et de maux,
Je vous retrouve ici toujours purs et nouveaux

Là mon père prenait un repos salutaire ;
Ici, les yeux au ciel il faisait sa prière ;
Souvent, de cette place il m'attirait vers lui,
Disant : De mes vieux jours toi tu seras l'appui.
Ah ! que de mes haillons je rougis à cette heure !
J'ai honte de souiller cette sainte demeure ;
Car je me sens taché et de boue et de sang
Dans un séjour de paix où tout semble innocent.
Que vais-je dire, ô Dieu ! quand paraîtra mon père ?
Comment oser lever mon front de la poussière ?
Quels cris pousser vers lui pour le mieux émouvoir ?
Comment recevra-t-il son fils au désespoir ?
Me reconnaîtra-t-il sous mes lambeaux d'esclave
Que le serpent du mal a souillés de sa bave ?
Et s'il me reconnaît, ne maudira-t-il pas
Le criminel qui vient s'attacher à ses pas ?
Mon père ! ne crains plus mon ambition morte !
C'est le repentir seul qui franchit cette porte ;
Les miettes de la table et le lit d'un lépreux
Sont bons pour un proscrit coupable et malheureux.
J'ai trop de mes erreurs sondé l'abîme infâme,
Et mon cœur a brûlé d'une trop vile flamme
Pour que j'ose implorer de toi plus qu'un abri...
On vient... où me cacher?... Mon Dieu! si c'était lui !
Je tremble, maintenant, de le voir apparaître ....

Sa malédiction va m'écraser peut-être !

Il doit avoir vieilli.... ses cheveux seront blancs....

Le chagrin a rendu ses pas lourds et tremblants ;

Pauvre père, et c'est moi!... L'on vient! cachons dans l'omb

Ce front coupable où Dieu pose un stigmate sombre.

L'on approche.... d'ici je pourrai voir.... je vois !

SCÈNE IX.

LE PÈRE DE FAMILLE, NATHANIE, caché.

LE PÈRE.

Rien encore aujourd'hui !

NATHANIE, à part.

C'est bien sa douce voix !

Comme elle m'attendrit.... mon Dieu, sois-moi propice !

LE PÈRE.

Il ne reviendra pas ! horrible sacrifice !

Ah ! le voir s'éloigner me parut bien amer,

Mais ne plus le revoir ! ô fils toujours si cher ,

Ce penser me déchire et mon cœur le rejette !

Que du Dieu d'Israël la volonté soit faite !

NATHANIE, à part.

Ah ! je puis maintenant embrasser ses genoux !

(Se jetant aux pieds de son père.)

Mon père, j'ai péché contre le ciel et vous !

De toutes vos bontés je me confesse indigne !
A vos pieds souffrez-moi par une grâce insigne.
J'ai péché, j'ai souffert, je reviens repentant...
Décidez de mon sort !

LE PÈRE , se penchant vers lui tout en pleurs.

Mon enfant ! mon enfant !
Je ne me souviens plus de ton ancienne offense.

NATHANIE.

N'accablez pas mon cœur par excès d'indulgence !
Du rang de votre fils descendu pour jamais,
Parmi vos serviteurs comptez-moi désormais.
Gagnant par mon travail le pain du mercenaire,
Je n'embrasserai plus, mais je verrai mon père.

LE PÈRE.

Mon enfant ! la parole expire dans ma voix...
Nathanie ! est-ce-vrai ? c'est lui que je revois !
(appelant.)
Serviteurs, hâtez-vous, et faites diligence ;
(les serviteurs paraissent.)
Qu'on apporte à mon fils sa robe d'innocence !
Sa chaussure brillante et ses riches habits.
Je te rends l'anneau d'or que tu m'avais remis.
Dieu double mon bonheur des pleurs de trois années.
Tu ne me quittes plus ! les fautes pardonnées

Couvrons-les de l'oubli.

(Aux serviteurs qui apportent la robe et la mettent à Nathanie.)

               Vous tuerez le veau gras.

Mon fils est de retour, préparez le repas !

Que les cœurs dévoués soient remplis d'allégresse,

Voici le plus beau jour de ma longue vieillesse !

Mon fils était perdu, le voilà retrouvé !

Je l'avais pleuré mort, il est ressuscité !

SCÈNE X.

LE PÈRE DE FAMILLE, NATHANIE, JOEL.

LE PÈRE, à Joël.

Ton frère, mon Joël, qu'un Dieu bon nous renvoie.

Partage mon bonheur et la commune joie !

JOEL.

Eh quoi.... ce mendiant....

LE PÈRE.

            C'est ton frère, mon fils !

JOEL.

Qui l'aurait reconnu sous de pareils habits ?

Soyez le bienvenu.

NATHANIE.

           Joël, Joël, mon frère,

Ne me méprise pas.... qu'une amitié sincère....

LE PÈRE, à Joël presque bas.

Nous devons bien l'aimer pour effacer ses pleurs !

JOEL.

Il avait sur son front attiré ces malheurs.

LE PÈRE.

Qui peut s'en souvenir, lorsque moi je l'oublie ?

NATHANIE.

Je ne l'oublierai, moi, mon père, de ma vie !

LE PÈRE, aux serviteurs.

Hâtez-vous, mes amis, prenez part au festin,
Vous avez supporté le poids de mon chagrin,
Soyez libres !

JOEL.

Qui donc s'assied à votre table ?
Pour qui commandez-vous une chère semblable ?
Mon frère a partagé, gaspillé vos trésors,
Il revient mendiant... et vos heureux transports
Ne savent qu'inventer pour fêter sa venue.

LE PÈRE.

Joël, vous m'affligez... que plus de retenue
Préside à vos discours, surtout, plus d'amitié.
Vous bannissez l'amour, le pardon, la pitié,

D'un frère repentant méprisant la prière,
Vous voulez l'arracher d'entre les bras d'un père !
C'est mal ! le fils chéri que je croyais perdu
Pour jamais par le ciel vient de m'être rendu !
N'attristez par ce jour le plus doux de ma vie :
Mon enfant ! te voilà, bien aimé Nathanie !

NATHANIE.

Si de mon repentir le cri monte vers vous,
Laissez-moi prosterné, mon père à vos genoux.

LE PÈRE.

Dans mes bras ! sur mon cœur !

SCÈNE XI.

LE PÈRE DE FAMILLE, NATHANIE, JOEL, SALMARIA
ET NADAÏ.

SALMARIA.

Combien la providence
Dans ses décrets d'amour exauce l'espérance !

LE PÈRE.

Vous me l'aviez prédit.

SALMARIA.

A son dernier soupir
Sidroc, mon fils, aussi, m'entendit le bénir...

De mes tremblantes mains j'ai fermé sa paupière,
Son suprême regard est tombé sur son père.

LE PÈRE.

Votre fils,... mort?

SALMARIA.

Dieu met la joie auprès du deuil.
Nadaï, cet enfant, désormais mon orgueil,
C'est son enfant, le mien!... et je suis encor père!

LE PÈRE.

Chantons ensemble à Dieu l'hymne de la prière,
A genoux! qu'à tes pieds nous voyant réunis,
Il bénisse à la fois les pères et les fils!

BIBICHE ET MUSETTE.

VAUDEVILLE EN UN ACTE.

Représenté pour la première fois au Sacré-Cœur de Metz,
le 1er janvier 1857.

PERSONNAGES.

Bibiche, laitière.

Musette, vielleuse.

Brunotte.

Jacquette.

Claudine. } Jardinières.

Marine.

Paysanes.

Pour ouverture, un pot pourri, sur les motifs fournis par les couplets du Vaudeville : la *Pierrefittoise*, *Vogue ma Nacelle*, la *Ronde du départ de Saint-Malo*, le *Cœur de mon Annette*, la *Sabotière*.

BIBICHE ET MUSETTE.

La scène se passe sur la lisière d'un bois. Au lever du rideau, les jeunes filles chargées de paniers et de légumes arrivent en chantant.

SCÈNE Ire.

MARINE, BRUNOTTE, Jardinières.

Air : *Bon voyage, cher Dumole*

Quelle fête !
Allons au marché ;
Il ne s'agit pas de perdre la tête.
Quelle fête !
Allons au marché ;
Ah ! plus gaîment jamais je n'ai marché.

MARINE.

Radis, poireaux, choux, navets et carottes,
Mon éventaire est charmant ce matin ;
Je porte encore un panier et deux hottes,
Et je ferais là d'ssus un joli gain.

Ensemble.

Quelle fête !
Allons au marché ;

Il ne s'agit pas de perdre la tête.

Quelle fête !

Allons au marché ;

Plus lestement jamais je n'ai marché.

MARINE.

Bonjour, Claudine, t'es matinale aujourd'hui.

CLAUDINE.

Ma grand' mère est malade ; il faut qu'elle trouv
sa soupe chaude en ouvrant les yeux ; aussi j'on
joliment dépêché les pratiques. Qu'as-tu dans to
panier, Marine ?

MARINE, pleurant.

Mes petites poules blanches... N'y a pas de pai
chez nous... Le meunier ne fait plus crédit... J'e
aurai grand deuil de mes petites bêtes...

On entend le trot d'un âne, puis paraît Jacquette montée sur un griso
Elle est assise entre deux paniers remplis de légumes qui la cachent
moitié. Pendant cette scène, Brunotte a tiré de son panier une énorí
tartine qu'elle mange avec grand appétit.

TOUTES ENSEMBLE.

Jacquette et Martin !

SCÈNE II.

JACQUETTE.

AIR : *De la Sabotière.*

Hop ! hop ! l' galop m' réveille
Mieux que l' coq matinal,
Qu'un autr' plant' de l'oseille,
Je m' plant' sur un cheval !

Jacquette est bèt' bète à manger du foin,
Je n'empêche pas que tout le mond' le dise ;
Ç'a n'me fâche point, car j'aime la franchise,
Je piqu' mon âne et me voilà bien loin !
Hop ! hop ! l' galop m' reveille, etc.

MARINE.

Le marché va être joliment approvisionné ce matin ; toutes les bonnes têtes de l'endroit !

BRUNOTTE,
dévorant sa tartine et parlant la bouche pleine.

J'en suis.

JACQUETTE.

Tu manges déjà, toi.

BRUNOTTE.

C'est par là que j'commence. En m'éveillant, une

10

tasse de lait chaud; en m'habillant, du raisiné; après ma toilette, une beurrée; en marchant, une petite tartine; je déjeune à la première auberge; je dîne à la ville et je soupe en rentrant.

CLAUDINE.

En v'là des mâchoires occupées!

MARINE.

Et tu fais ta prière...

BRUNOTTE.

J'l'oublie queuque fois !

SCÈNE III.

MUSETTE, BRUNOTTE, CLAUDINE, JACQUETTE, MARINE, JARDINIÈRES.

MUSETTE, en costume savoyard, une vielle en sautoir.

C'est mal; on doit commencer la journée par demander de longs jours pour sa mère.

LES JEUNES FILLES, avec joie.

Musette ! Musette !

Elles l'entourent, l'embrassent et témoignent. leur plaisir par de franches démonstrations d'amitié.

MUSETTE.

Oui, Musette, votre petite amie, qui danse la Ca-

tarina et chante les rondes de Chambéry ; qui court sur l'aire et fait sauter sa petite marmotte ! Vous m'aimiez donc bien ?

JACQUETTE.

Ça n'se d'mande pas.

BRUNETTE.

Voulez-vous la moitié de ma tartine ?

MUSETTE.

Merci, je ne mange jamais avant d'avoir gagné mon déjeuner.

CLAUDINE, à Brunotte.

Mets ça dans ta poche !

JACQUETTE.

Oh ! Musette, une chanson avant que nous nous remettions en route.

TOUTES ENSEMBLE.

Une chanson ! une chanson !

MUSETTE.

Volontiers.

(Elle chante en s'accompagnant de sa vielle.)

AIR : *De Marianne.*

C'est moi qu'on appelle Musette,
La brune fillette aux chansons ;
Dans le pays chacun répète
Mes doux refrains, mes joyeux sons.
Le tambourin
Gaîment en main,
Je vais semant le plaisir en chemin ;
Et cependant
La pauvre enfant,
Dont les accords vous charment si souvent,
Cachant une douleur muette,
Songe à son retour au pays !
C'est là que des parents chéris
Pleurent loin de Musette ....   (*ter*).

TOUTES.

Merci, bonne Musette.

(Elles l'entourent et lui remettent chacune une petite pièce de monnaie.)

MUSETTE.

Chers enfants, mon trésor augmente, et quand
j'aurai cent écus... adieu la France, vive la Savoie !
nos montagnes, mon grand lac et les pays ! et surtout ma mère, ma pauvre vieille mère !... Ah ! j'en
pleure déjà de joie à l'idée de la revoir.

BRUNOTTE.

N'pleure pas, ça fait perdre l'appétit... Viens avec nous au marché; y a foire aujourd'hui et les bêtes et les gens ne manquent pas sur la place... Tu prendras un peu de café avec moi.

MUSETTE.

Pour le café, merci ! pour vous rencontrer là-bas, de grand cœur... Je ne veux que le temps de compter ma recette d'hier... Partez sans moi, je vous trouverai au bout du bois;... une montagnarde, ça court vite.

Reprise du Chœur.

Quelle fête !
Allons au marché ;
Il ne s'agit pas de perdre la tête.
Quelle fête !
Allons au marché ;
Plus lestement jamais je n'ai marché.

SCÈNE IV.

MUSETTE, seule.

(Elle tire de sa poche un pied de bas qui lui sert de bourse, s'assied, verse son argent sur ses genoux et compte ce qu'elle possède.)

Deux cent soixante francs... dix-huit sous... une petite pièce quatre sous... et la monnaie de ces

10.

bonnes petites filles, ça fait... deux cent soixante et
un francs cinq sous et demi;... encore deux mois de
travail et le compte y sera !

Pendant qu'elle remet l'argent dans son bas, on entend chanter dans la
coulisse. Bibiche doit s'avancer peu à peu de telle sorte qu'à la fin du couplet seulement elle se trouve en scène.

SCÈNE V.

MUSETTE, BIBICHE, portant sur la tête un pot de lait qu'elle
soutient de ses deux mains.

Air : *Les deux Chasseurs et la Laitière.*

Voici, voici la petite laitière,
Qui veut acheter de mon lait ?
Mon p' tit ménage est bientôt fait,
Au travail je suis la première,
Pour être active on me connaît.
Voici, voici la petite laitière ,
Qui veut acheter de mon lait ?

MUSETTE.

Eh ! bonjour, Bibiche.

BIBICHE, d'un air de protection.

Bonjour.

MUSETTE.

Ça va gaillardement à c'matin : vous v'là en jupe

courte, en fins sabots rouges, c'est de la vraie crâ-
nerie. Où allez-vous si vite?

BIBICHE, avec dédain.

A la ville, ma petite.

MUSETTE, riant.

Pour dédaigner ainsi les gens
Avez-vous fait un héritage ?

BIBICHE.

Pas encore, mais je prétends
Faire envie à tout le village.
Écoutez quel est mon projet,
Il est simple, court et facile :
(Elle pose son pot au lait à terre et dit en le montrant.)
V' là ma fortune.

MUSETTE.

Ce pot au lait !
C'est qu'on appelle une base fragile !

BIBICHE.

Vous ne me comprenez pas.

AIR *de la Pierrefittoise.*

Ma fortune est dans mon pot au lait,
Je le vends et j'achète un poulet,

Je change les œufs pour un dindon,
Que je remplace par un mouton,
Bon !
Mon petit agneau
Devient si beau ,
Qu' pour le renouveau,
Je forme un modeste troupeau.
Mon joli trésor
Grossit encor,
Et d'une croix d'or,
Je puis me parer tout·d'abord.

Bientôt après d'un morceau de pré
Mon héritage j'augmenterai ;
Tout jusqu'à la fin marche à mon gré,
Et mon bonheur est assuré ,
Gai !

MUSETTE.

Eh bien ! j'aimerais mieux une chaumière en Savoie que vos châteaux en Espagne ! Faut avoir joliment de l'esprit pour voir tant de choses dans un pot
au lait qui n'sera peut-être pas le pot au rose et vous
fera crier gare ! comme quand on joue au pot au
noir.

BIBICHE.

Ce qu'c'est que d'avoir pas d'intelligence... T'es pas stupide, mais t'es bête...

MUSETTE.

Merci !

BIBICHE.

C'est pas étonnant, tu vis dans un pays où qu'y a tant de marmottes que ça endort quasiment l'instinct des gens itout.

MUSETTE.

Vraiment.

BIBICHE.

Quand j'aurai une belle toilette, n'serai-je pas plus gentille qu'avec ce jupon rayé? Faudra voir comme je me carrerai ; plus que l'petit chaperon rouge !

MUSETTE.

Oui, joli modèle, le loup l'a mangé... lui, la galette et même le pot de beurre !

BIBICHE.

C'est une bêtise ça. Mais, écoute donc, le dimanche, quand j'passerai sur la grand' place, on se ran-

gera pour me voir... j'baisserai les yeux pour pas
avoir l'air que ça me fasse plaisir, mais j'rougirai de
bonheur comme la crête de mon coq noir ! Et le soir à
la danse je n'manquerai pas une bourrée, you, you !
(Elle fait quelques pas en lançant le refrain gaiment.) On me jalou-
sera, on m'admirera, on me...

MUSETTE.

On ne t'aimera plus !

BIBICHE.

Tu n'es pas bête, t'es stupide, v'là ce que ça pro-
duit d'être né natif de Saint-Jean de Maurienne.
Adieu, je vais vendre mon lait.

MUSETTE.

Adieu, je vais travailler pour ma mère.

BIBICHE.

C'est-y un avis que vous me donnez ?

MUSETTE.

Ah ! non. Mais tenez, je doute que votre fortune,
si elle vous rend heureuse, puisse du moins vous
rendre meilleure. C'est difficile de savoir bien em-
ployer l'argent.

BIBICHE.

Air : *Le cœur de mon Annette.*

J' porterais des dentelles ,
Ainsi qu' des falbalas,
Comme les demoiselles
A qui je cède le pas.

(Faisant à Bibiche une révérence ironique.)

Ah ! mais, oui dà,
On ne peut pas trouver grand mal à ça ? (*bis.*)

MUSETTE.

Rougissant d' ta famille ,
On te verra bientôt
Oublier que t' es fille
De Marthe et de Jacquot.
Ah ! mais, oui dà,
Le cœur trouve beaucoup de mal à ça !

Ensemble.

BIBICHE.

Ah ! mais oui dà,
Comment peut-on trouver du mal à ça ?

MUSETTE.

Ah ! mais, oui dà !
Le cœur trouve beaucoup de mal à ça.

(Bibiche fait une révérence, remet son pot au lait sur sa tête et sort.)

SCÈNE VI.

MUSETTE.

Dieu me préserve d'ambitionner plus qu'il ne me donne! Chaque matin je lui dis : « Notre Père, donnez-nous aujourd'hui notre pain quotidien, » et il me le fait trouver souvent chez des pauvres ; ils savent qu'un verre d'eau froide sera compté là-haut ; que Dieu sait le nombre des grains de froment qui nourrissent les oiseaux et les orphelins ! aussi je me confie encore et toujours en lui. De quoi ai-je manqué ? Ma vielle et ma marmotte sont de faibles gagne-pains ! Et la Providence a les bras assez grands pour les ouvrir à tous les malheureux. Ah ! ma mère, ma bonne mère, cette petite médaille de cuivre, humble comme notre sort, m'a préservée de tout danger et de toute tentation ; je vous la dois, je vous dois tout. J'irai bientôt vous rendre votre amour, vos soins, vous arracher à la misère !... C'est notre lot à nous, le courage, le dévouement, l'amour, et c'est si facile! Songer que les petits frères vous appellent, que la mère travaille au foyer en pleurant parfois, et que la tombe d'un père a besoin de fleurs nouvelles...Allons, petite hirondelle d'hiver, chante, et vole bien vite, vite là-bas.

AIR : *De Voltaire, à Ferney.*

Mon père était un sabotier,
  Né dans la forêt Noire ;
Il avait appris son métier
  Avec défunt Grégoire.
    Léger et dispos,
    Vendant ses sabots,
  Courant de foire en foire,
    Petit à petit
    Son trésor grossit,
  V' là l' commencement d' l'histoire !

Dans un village savoyard
  Un soir, à la nuit noire,
S'étant égaré par hasard,
  Il entr' et d'mande à boire ;
    Sous un pauvre toit,
    Vite on le reçoit,
  Il en garde mémoire :
    Un mois se passa,
    Ma mèr' l'épousa,
  Voilà l' plus gai d' l'histoire !

Ils vécurent longtemps heureux
  Dans leur humble ménage ;
Nous étions trois enfants joyeux
  Comm' l'oiseau du bocage.

11

Mais un jour, hélas!

Mon pèr 'ne r'vint pas....

O douloureuse épreuve!

On nous mit en deuil,

Au pied d'un cercueil....

Notre mère était veuve!

(Elle pleure et s'essuie les yeux avec le coin de son tablier.)

Allons, faut pas songer à ça.... nous avons jeûné souvent, mais la charité ne nous a pas fait défaut, témoin ma bourse! (Elle la fait sonner joyeusement.) En route!

SCÈNE VII.

MUSETTE, BIBICHE.

Au moment où Bibiche entre en scène, Musette sort par le même côté, elles se heurtent légèrement, Musette remonte.

BIBICHE, criant.

Elle tient à la main l'anse de son pot au lait.

Que je suis malheureuse!... Et ma mère, qu'est-ce qu'elle va dire? Je n'oserai jamais rentrer à la maison...

MUSETTE.

Comment, Bibiche, c'est toi... toute en larmes... Qu'as-tu? parle, voyons, qu'as-tu?

BIBICHE,

pleurant plus fort et montrant l'anse qu'elle tient à la main.

Ce que j'ai, en v'là l'reste !...

AIR : *Romance de Joseph.*

Adieu, trop flatteuse espérance
Dont mon fol orgueil se berçait !
De mon pot je n'ai plus que l'anse,
Et j'ai répandu tout mon lait ....
Adieu, poussins, adieu, poulettes,
Adieu, béliers, moutons, chevreaux,
Adieu, mes blanches brebiettes,
Je n'ai plus rien que des sanglots !....

(Elle se cache la tête dans son tablier et s'assied en pleurant.)

MUSETTE.

Pauvre Bibiche, tu me fais peine... Voyons, sois raisonnable ; il y a moyen de tout arranger... Combien valait le pot de terre ?

BIBICHE, criant.

De terre neuve ? Deux sous...

MUSETTE.

Et le lait, combien l'aurais-tu vendu ?

BIBICHE, plus fort.

Dix sous, du lait tout crème !

MUSETTE, tirant son bas de sa poche.

Deux et dix... douze... Tiens, voilà un franc pour acheter un gâteau qui te consolera et remettre à ta mère ce qui lui revient... Rentre vite, essuie-toi les yeux et ne dis rien...

BIBICHE.

Non, Musette, je n'accepte pas, après ma conduite de tout à l'heure...

MUSETTE.

Tu crois que j'y songe encore ?

BIBICHE, se donnant un coup de poing.

Vous avoir appelée montagnarde.

MUSETTE.

C'est un titre. Le cœur pur comme la neige des Alpes, franc comme l'air qu'on y respire, voilà le Savoyard. Tiens, nous ressemblons aux châtaignes, l'écorce est rude, mais le fruit est bon. Prends vite.

BIBICHE.

Comment, vous voulez... De l'argent amassé pour retourner au pays !

MUSETTE.

Crois-tu que le bon Dieu ne peut pas me faire gagner dix francs, si ça lui plaît? D'ailleurs, une leçon
de sagesse et de modération dans les désirs ne saurait se payer.

BIBICHE, émue.

Je ne refuse pas, Musette, mais j'avouerai tout à
ma mère et je me corrigerai...

SCÈNE VIII.

Éclats de rire dans la coulisse.

BIBICHE, MUSETTE, BRUNOTTE, JACQUETTE, MARINE,
CLAUDINE, Jardinières.

MUSETTE.

Les voici déjà! Je leur ai manqué de parole.

BRUNOTTE,
tenant un petit pain et un gros radis noir qu'elle pèle en marchant.

Ah! ah! ah! le pot au lait de Bibiche!

CLAUDINE.

Bien fait, ma fille, tu nous diras bonjour un autre
matin...

CLAUDINE.

Elle s'en va lest! lest! comme un pigeon cravaté,
le nez au vent; elle trouve une pierre,... patatras...

Éclats de rire.

MUSETTE.

C'est bon, c'est bon, assez de malices... Êtes-vous
contentes ?

JACQUETTE.

J'ai gagné quarante sous.

MARINE.

Moi j'ai tout vendu et le plus cher possible. Je
rapporte trois francs.

BRUNOTTE.

J'ai tant parlé pour faire valoir ma marchandise
que ça m'a creusée,... creusée... (Parlant la bouche pleine.)
On ne s'imagine pas comme ça donne faim de bien
parler.

MUSETTE.

AIR : *De la Famille de l'Apothicaire.*

Retournons ensemble au logis
    Sans nous moquer les uns les autres ....

(Montrant Bibiche.)

Ses projets sont évanouis,
Demain que deviendront les nôtres?
Nous cherchons en vain le bonheur,
Notre espérance est de l'eau claire,
Il s'y réfléchit un malheur :
Voilà le pot au lait par terre....

BRUNOTTE.

(Posant à terre son pain et son radis avant de chanter.)

L'auteur inquiet et tremblant
Pour le succès de cette pièce,
Laisse la signature en blanc,
Et la confie à la jeunesse !
Aurait-il fait de vains efforts
Pour vous amuser et vous plaire?
Pour l'auteur ce serait alors
Un pot au lait versé par terre....

JACQUETTE, sur son âne.

AIR : *Et vogue ma nacelle !*

Partons, partons bien vite,
Il commence à pleuvoir !
Le foyer nous invite,
On va bien nous r' cevoir :
A courir je m'applique,
Martin m' prêt' son secours (*bis*),

Et trotte la bourrique,
Qui me porte toujours !

(Reprise en chœur.)

Et trotte la bourrique
Qui la porte toujours !

Les jeunes filles se cachent comme pour se défendre de la pluie, Brunotte ramasse son pain et son radis qu'elle mange à belles dents, Bibiche met son mouchoir sur sa tête, et tandis qu'elles font des préparatifs, Musette s'avance et dit :

AIR : *De la Famille de l'Apothicaire.*

Se promettre pour l'avenir
Des succès et des récompenses,
Si Dieu ne daigne les bénir,
Ce sont de folles espérances !
Qui ne le prend pas pour appui,
Ne travaille que pour la terre ;
Et tout ce qu'on fait est sans lui
Un pot au lait versé par terre !

Le piano reprend la ritournelle sur l'air : *Vogue ma nacelle !*

POÉSIES.

ODE.

LA RELIGION.

PERSONNAGES.

La Religion.   L'Espérance.
La Foi.   La Charité.

LA RELIGION.

Je suis la Religion sainte,
Appui du faible, espoir du fort;
Sous mon aile grandit sans crainte
L'enfant que menaçait la mort.
J'ai tous les dons que Dieu dispense
Dans son éternelle bonté;
Et j'ai pour filles : l'Espérance,
La Foi vive et la Charité.

Aux plus petits je me dévoile,
Mais les grands me sont étrangers :

Les rois n'avaient pas vu l'étoile
Quand je réveillais les bergers.
Mon flambeau puise sa lumière
Dans l'immense Océan d'amour
Qui consuma sur le Calvaire
La Victime à son dernier jour.

Mon règne est puissant, immuable,
Sans variations, sans fin ;
Comme le Seigneur, je suis stable
Au milieu d'un repos divin ;
En vain les grands siècles s'épuisent,
Je rajeunis sur leur tombeau,
Et les sceptres des rois se brisent
Devant mon sceptre de roseau.

Venez, ô filles que le monde
Proscrit encore de nos jours ;
Vous en qui le juste se fonde
Pour attendre un divin secours :
Dites-moi les nouveaux prodiges
Que le Seigneur répand par vous,
Quelles fleurs naissent sur vos tiges,
Et si les fruits en seront doux.

LA FOI.

Je suis la Foi : — Sous mon empire
L'homme se régénère, il vit;
Et les biens auxquels il aspire
Sont ceux dont l'éclat nous survit.
Avec moi tout devient facile ;
La science de l'Évangile
Et la pratique de ses lois ;
Ceux dont nous sommes les compagnes
Pourraient transporter des montagnes,
Ils n'en sentiraient pas le poids.

Mes œuvres grandissent sublimes ;
Elles vont réjouir les Cieux ;
J'oppose à d'innombrables crimes
Le sang des martyrs généreux.
Du Sauveur que la France adore,
Je vais, du couchant à l'aurore,
Porter les saintes vérités ;
Les missions apostoliques
Font germer les mœurs catholiques
Comme en un champ germent les blés.

Le méchant dit que je m'épuise
Sous l'atteinte de son courroux;

Il ne peut toucher à l'Église
Lorsque son Christ combat pour nous.
Contre cette pierre angulaire
Il voit les flots de sa colère
Reculer après vingt défis :
Ainsi l'Océan sur la grève
Enfle ses vagues, les soulève,
Puis recule honteux et surpris.

Vaisseau sublime qui surnage
Malgré les vents, malgré les flots,
Il lutte contre le naufrage
Avec ses douze matelots!
On dit : la tempête l'emporte !
Mais soudain la rame plus forte
Guide le vaisseau menacé ;
Et l'astre des mers se dévoile
Au pilote qui sur sa voile
Jette un regard mal assuré.

O l'Église ! arche universelle,
Où l'homme échappant au danger,
Comme la colombe fidèle,
Vient s'il est las de voyager.
L'Église ! multiple royaume :
Militante à l'ombre de Rome ;

Souffrante au sortir du tombeau,
Triomphante dans la lumière
Que Jésus promit sur la terre
A ceux qui suivent son flambeau.

L'Église, voilà mon domaine !
Je la créai, je la soutiens ;
Mon manteau de pourpre romaine
Peut abriter tous les chrétiens.
Je suis la Foi ! Forte et naïve
Je bois à la source d'eau vive
Que le Sauveur nous révéla ;
Ma tâche ne sera finie
Qu'à l'heure où, dans son agonie,
Le monde à son tour finira !

L'ESPÉRANCE.

Si le vice est puissant dans le siècle où nous sommes,
La vertu garde encor son pouvoir sur les hommes.
En plaignant les méchants il faut prier pour eux,
Et regarder les fronts favorisés des cieux.
Ah ! ne brisez jamais l'ancre de l'Espérance !
Et quand autour de vous tout un peuple en démence
Crierait comme l'apôtre : Ah ! je sombre, Seigneur,

Gardez la confiance au fond de votre cœur.

Dieu semble se cacher aux regards de notre âme,

Pour savoir quel amour le consume et l'enflamme;

Comme Pierre il nous dit par trois fois: M'aimez-vous?

Mais de cet abandon les fruits sont purs et doux.

L'âme qu'il paraît fuir le retrouve et s'écrie :

Maître ! quand il lui dit au fond du cœur : Marie!

L'Espérance ! Jamais elle n'abandonna

L'homme que dans l'Eden le Seigneur condamna.

Dans les champs arrosés de sueurs et de larmes,

Il songeait qu'effaçant quatre mille ans d'alarmes,

Le Régénérateur sauverait ses enfants.

L'Epérance ! elle va près des berceaux tremblants,

Et montre des fruits d'or couvrant toutes les branches.

Elle couve longtemps sous ses deux ailes blanches

Les enfants ingénus déjà prédestinés;

Elle cache les maux qui leur sont destinés.

Plus tard elle soutient et garde du naufrage

La jeunesse livrant sa barque au vent d'orage.

Pour l'homme, elle a des fruits de plus forte saveur,

Et le vieillard lui doit sa dernière faveur;

Elle montre au delà du cercueil que l'on cloue

Le prix que Dieu promet au cœur qui se dévoue;

Elle console ici l'homme triste et mortel,

Et son pouvoir finit où commence le Ciel !

LA CHARITÉ.

De la semence évangélique
Le grain lentement a germé ;
Et dans le monde catholique
L'esprit chrétien s'est ranimé.
Autour du saint berceau qu'adorèrent les Mages,
On apporte aujourd'hui, comme les rois pieux,
L'or des cœurs purs, l'encens des plus fervents hommages,
La myrrhe des vertus qui fleurissent aux cieux.
Abaissez vos regards et contemplez la terre ;
L'homme n'y vit plus seul : près de la pauvreté
On voit toujours debout un ange de lumière
    Qui s'appelle la Charité.

    Ployant sous le faix qui l'accable,
    Le pauvre qui marche à pas lents
    Trouve les miettes de la table
    Qu'on dresse pour les indigents.
Les crèches ont reçu des enfants dans leurs langes,
Et l'asile à son tour les réclame plus tard ;
Dans tous les orphelins l'Église voit des anges,
Et du pain du Seigneur leur dispense une part.
L'avenir a pour nous des richesses nouvelles,
Et l'arbre de l'aumône étend ses rameaux verts :

O fruits divins! tombez des branches éternelles
 Et rassasiez l'univers.

 Le malade au lit d'agonie
 Voit une sœur, veillant le soir,
 Étancher d'une main amie
 Les larmes de son désespoir.
Pour vêtir en hiver ceux que le froid assiége
Saint Martin donne encor le drap de son manteau...
A la porte des grands qu'un écusson protége
On entre mendier pour un malheur nouveau.
Vous le voyiez, hier, lorsque les eaux sans digues
Laissaient tant de douleurs debout sur les débris,
Les riches de leurs dons se sont montrés prodigues
 Pour les malheureux sans abris.

 C'est moi qui suis la femme forte,
 Car je travaille nuit et jour;
 La vigne plantée à ma porte
 Fait mûrir les fruits de l'amour.
Plus haut que les vains bruits du siècle qui s'égare,
Les œuvres de mes mains peuvent parler pour moi;
L'étoile des bergers a grandi comme un phare,
Et la loi du pardon est mon unique loi.
L'apôtre de Jésus triomphe des obstacles :
Sa force vient du Dieu dont il prêche l'esprit ;

Il regarde la croix s'il lui faut des miracles,
    Et le miracle s'accomplit.

    Ah ! qu'il vienne celui qui pleure !
    Celui qui cherche la clarté ;
    Qu'il vienne frapper à toute heure
    Sur le seuil de la Charité.
Qu'il vienne ! l'arc-en-ciel brille dans les nuages,
L'arche vogue toujours vers les monts du salut !
Le souffle du Seigneur dissipe les orages ;
Dieu, le commencement, le moyen et le but,
Se découvre aux regards qui cherchent la lumière.
J'abrite dans son cœur ma sainte pauvreté ;
Sur le chemin sanglant qu'il suivit sur la terre
    Marche encore la Charité !

LA RELIGION.

    Mon âme est pleine d'allégresse !
    O mes filles ! je trouve en vous
    Ce qui convient à la jeunesse
    Qui cherche un abri parmi nous.
    Gardez-la toujours dans la voie
    Qui seule conduit au bonheur ;
    La paix du Ciel donne la joie
    Et Jésus leur ouvre son cœur !

Hélas ! dans un jour, dans une heure,
Quelques-unes vont s'éloigner
De cette paisible demeure
Où le Sauveur aime à régner.
Leur bonheur découlait du nôtre,
Jamais de tristesse, d'ennui ;
Elles disaient comme l'apôtre :
« Seigneur, nous sommes bien ici ! »

La confiance est de leur âge,
Elles voyaient dans l'avenir
Même Océan, sans plus d'orage,
Repos que rien ne doit ternir.
Mais quand le monde les réclame,
Se présente un écueil nouveau ;
Et souvent les ailes de l'âme
Se consument à son flambeau.

Ranimez, ranimez, mes filles,
La foi dans ces cœurs innocents ;
Qu'elles portent dans leurs familles
De leurs vertus le chaste encens.
Ces jours de travail, de prière
Leur seront toujours précieux :
En quittant le toit de son père,
Que Rachel emporte ses dieux !

L'ANGE PRINTEMPS.

—◇◇—

Messager de bonne nouvelle,
Sur terre, je viens tous les ans,
Rajeunir du bout de mon aile
Le ciel, la montagne et les champs.
J'arrive suivi d'un cortége
De papillons, de mouches d'or,
Et je réveille sous la neige
Les beaux jours qui dormaient encor.

Mon char est rempli de merveilles
Que je répands à pleines mains ;
Il est traîné par des abeilles
Dont je recrute les essaims.
Un orchestre ailé m'accompagne,
Mes nombreux escadrons d'oiseaux
En Avril peuplent la campagne
Où j'ai suspendu leurs berceaux

Le pommier couvert de fleurs blanches
Rit avec le rose pêcher ;
L'azur timide des pervenches
Sous le buis aime à se cacher.
Le rosier conte des histoires
Au lilas qui vient de s'ouvrir ;
Et le houx cause des peurs noires
Au troëne qui va fleurir.

Déjà le blé verdit la plaine
Et promet le grain au semeur ;
La brise avec sa tiède haleine
Inspire des vers au rimeur.
Tout s'embellit, même les tombes !
Tout vibre et tressaille à la fois ;
Et les beaux couples de colombes
Se posent gaiement sur les toits.

Oui, le printemps réjouit l'âme !
Comme à la terre, il faut au cœur
Le jour, la rosée et la flamme
Tombant de la main du Seigneur.
L'hiver, c'est le froid, la souffrance ;
Le printemps, c'est un songe d'or,

C'est le bonheur, c'est l'espérance,
C'est l'amour qui vaut mieux encor.

J'amène un cortége de fêtes,
Chères à tous les cœurs chrétiens;
J'apporte des grâces secrètes,
De la part des Anges Gardiens,
Pour le jour de Pâques fleurie,
Voici des rameaux, un ciel bleu,
Des lis pour le mois de Marie,
Des roses pour la Fête-Dieu.

Lorsque l'aquilon vous assiége
Accourt l'Ange blond de Noël;
Près de la crèche qu'il protége,
Il cache les trésors du ciel.
Il part.. je descends ; — les années
Se suivent ainsi que nos jours.
Et les dernières sont sonnées
Au grand cadran qui dit : Toujours.

Enfants joueurs et jeunes filles,
Femmes, vieillards, espérez tous !

Dressez l'autel sous les charmilles,
Le mois de Mai, c'est le plus doux.
Moissonnez les fleurs demi-closes,
Qu'elles parfument le saint lieu ;
On ne doit effeuiller les roses
Que pour Marie et le bon Dieu..

Pour vous, enfants, dans cet asile,
Je suis prodigue de faveurs;
Montrez toujours un cœur docile
A *Celle* qui les rend meilleurs ;
Par l'amour, payez sa tendresse,
Par vos vertus, des soins si doux ;
Dieu sur la terre vous la laisse,
Mais les Anges en sont jaloux.

Imprimerie de W. REMQUET et Cie , rue Garancière, 5.

A LA MÊME LIBRAIRIE.

———◇◇◇———

Ouvrages du même Auteur :

La Crèche et la Croix, 1 vol. in-12.

Pour paraître prochainement :

Viatrice.

L'abbé Marcel.

————————

OUVRAGES DE Mlle JULIE GOURAUD :

Mois de Marie de la jeunesse, 1 joli vol. in-32 approuvé
par Mgr l'Archevêque de Paris.   1 fr.

Mémoires d'une Poupée. Contes dédiés aux petites filles.
1 vol.

La semaine d'une petite fille, 1 vol. in-18.

L'éducation d'Yvonne. — Dix ans. 1 vol. gr. in-18. 2 fr. 50

La nuit de Noël.

Marie ou la prison.

Marianne Aubry, ouvrage couronné par l'Académie fran-
çaise, 1 vol. gr. in-18.   1 fr. 75

Florence Raymond, 1 vol. in-12.   2 fr.

Utilité d'un voyage d'agrément à Paris, 1 vol. in-12.
        2 fr. 50

Scènes et Proverbes pour la Jeunesse. 1 vol. in-12. 2 fr.

————————

Imprimerie de W. REMQUET et Cie, rue Garancière, 5.

www.ingramcontent.com/pod-product-compliance
Lightning Source LLC
Chambersburg PA
CBHW060030100426
42740CB00010B/1683